한달완성

한국어 중급 II 말하기

연세대학교 한국어학당 편

연세대학교 대학출판문화원

한달완성
한국어 중급 II 말하기

편저자 연세대학교 한국어학당 교재편찬위원회
집필진 이희경·전나영·민지숙·문정
펴낸곳 연세대학교 대학출판문화원
주소 서울특별시 서대문구 연세로 50
홈페이지 http://press.yonsei.ac.kr
연세대학교 대학출판문화원
전화 02)2123-3378~80
팩스 02)2123-8673
E-mail ysup@yonsei.ac.kr
등록 1955년 10월 13일 제9-60호
그림 이은황
인쇄 (주)동국문화

2006년 6월 29일 초판 발행
2017년 7월 31일 1판 5쇄
ISBN 978-89-7141-849-9 (03710)

값 17,000원

머리말

한국어 교육의 50년 전통을 이어 온 연세대학교 언어연구교육원 한국어학당에서는 한국어 교육의 질을 높이기 위해 다양한 교재를 편찬해 왔다. 요즘 한국과 한국 문화에 대한 세계인들의 관심이 높아지고 한국어를 배우고자 하는 해외동포와 외국인이 늘면서 한국어 교재에 대한 학습자들의 요구도 다양해졌다. 이에 따라 연세대학교 언어연구교육원 한국어학당에서는 한국어 중급 학습자를 위해 말하기, 듣기, 쓰기 능력을 강화할 수 있는 교재를 출간하게 되었다. 이들 교재는 학습자들이 한국어를 배우면서 부족하다고 느끼는 기술별 한국어 능력을 보충할 수 있도록 하기 위해 만들어졌다. 각 교재는 학습자들이 필요와 목적에 따라 선택하여 집중적으로 기술별 한국어 능력을 향상할 수 있도록 구성되었다.

언어 교육은 목표 언어를 통한 의사소통 능력을 향상시키고 그 언어가 속한 사회와 문화를 이해하는 데 그 목적이 있다. 이를 위해서는 일정 수준의 언어 능력이 우선되어야 할 것이다. 이 교재는 짧은 시간에 기술별 한국어 능력을 강화시키고자 하는 학습자들에게 많은 도움이 될 것이며 한국어학당에서 출간된 회화 중심의 교재와 더불어 한국어 교육에 큰 몫을 담당하리라고 본다.

이들 교재는 한국어 중급 학습자를 위한 기술별 교재로는 첫 번째 시도인 만큼 부족한 부분도 있으리라 생각한다. 연세대학교 언어연구교육원 한국어학당 교재편찬위원회는 앞으로도 학습자들의 요구에 부응하는 보다 나은 교재를 개발하기 위해 최선을 다할 것이다.

연세대학교 언어연구교육원
한국어학당 교재편찬위원회

일러두기

이 책은 한국어 중급 정도의 실력을 가진 학습자들의 말하기 능력을 향상시키기 위해 만든 교재로서 총 20과로 이루어져 있다. 주제로는 일상생활뿐만 아니라 사회 문제, 시사 문제, 뉴스 등 학습자들이 관심을 가질 수 있는 여러 분야를 다루었으며 다양한 연습 방법을 통해 자신의 의견을 논리적으로 표현할 수 있는 능력을 키울 수 있도록 하였다.

각 과는 해당 과의 주제에 따라 대화 만들기, 상황역할, 설명하기, 설득하기, 묘사하기, 주장하기, 문제 해결하기, 토론하기 등으로 구성되어 있다.

1. 제목과 학습 목표　해당 과에서 배울 학습 목표와 주제가 제시되어 있다.
2. 도입 질문　본격적인 연습에 들어가기 전의 도입 단계로서 간단한 질문을 통해 배울 내용을 생각해 볼 수 있도록 하였다.
3. 어휘　주제와 관련있는 어휘들을 제시하며, 효율적인 연습을 위해 학습자들이 미리 알아두어야 할 어휘들을 선정해 보여주고 있다.

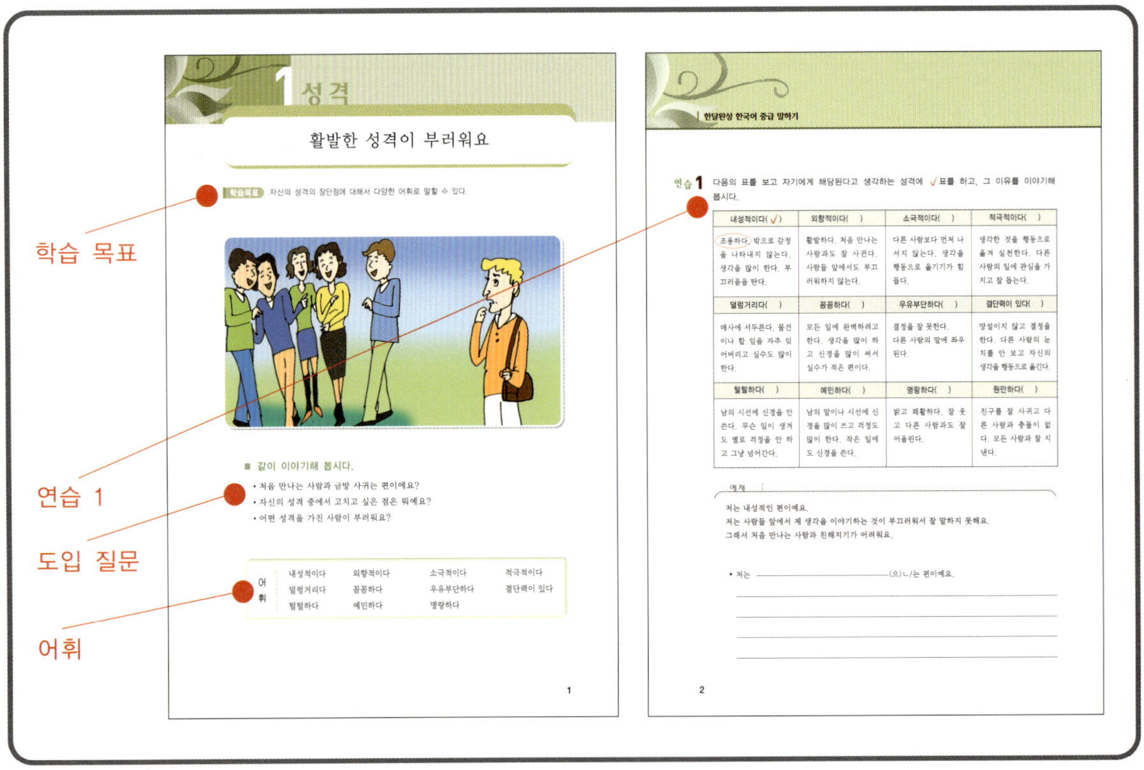

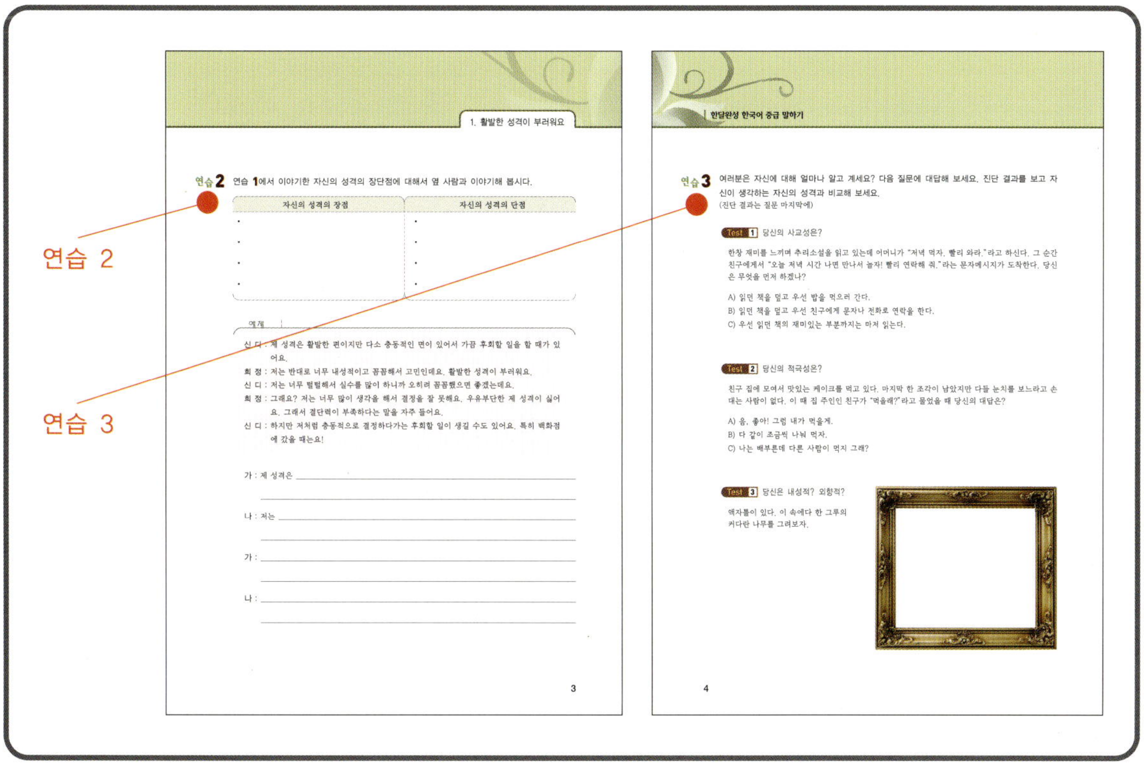

4. 연습 1　주제와 관계있는 간단한 연습을 할 수 있도록 구성되어 있으며, 다음 단계의 심화학습을 위한 준비 단계이다.

5. 연습 2　주제와 관계된 가장 주된 활동이다. 대화 만들기, 상황역할, 설명하기, 설득하기, 주장하기, 묘사하기, 표나 그림보고 말하기 등 다양한 방법으로 구성되어 있다.

6. 연습 3　배운 주제를 다시 한 번 정리하기 위한 단계이다. 학습자들이 배운 것을 충분히 이해했는지 점검하거나 정리할 수 있도록 구성되어 있다.

내용 구성

과	주제	제목	학습 목표
1	성격	활발한 성격이 부러워요	자신의 성격의 장단점에 대해서 다양한 어휘로 말할 수 있다.
2	취미	인라인 스케이트를 타 보세요	자신의 취미를 말하고 다른 사람에게 적당한 취미를 권해 줄 수 있다.
3	문의와 신고	카드를 분실했는데요	전화로 문의나 신고를 할 수 있다.
4	집 구하기	집이 마음에 들어요	자신이 원하는 집과 방 친구를 찾을 수 있다.
5	약국	머리가 아플 땐 이 약이 잘 들어요	약국에서 자신의 증상을 정확하게 설명할 수 있다.
6	병원	눈병이 났어요	병원에 가서 자신의 증상을 설명하고 필요한 치료를 받을 수 있다.
7	한국의 특별한 날	오늘이 무슨 날인지 아세요?	한국의 기념일과 명절을 자기나라와 비교해서 말할 수 있다.
8	서울	서울 구경을 해 볼까요?	서울의 명소와 문화를 소개할 수 있다.
9	광고	참신한 광고를 만들어 보세요	독특한 광고를 만들어 상품을 소개할 수 있다.
10	설문 조사	한국 사람들은 이렇게 생각한대요	다른 사람들의 생각을 추측해 말할 수 있다.

과	주제	제목	학습 목표
11	사건과 판단	이럴 땐 어떻게 판단해야 할까요?	상황이나 사건에 대한 자신의 판단을 논리적으로 말할 수 있다.
12	날씨	겨울이 없어진대요	한국과 자기나라의 날씨의 특징과 변화에 대해서 말할 수 있다.
13	환경	환경을 생각해야죠	환경의 중요성에 대해 다른 사람에게 주장할 수 있다.
14	면접	제 능력을 발휘해 보고 싶어요	면접 상황을 통해 실전에 대비할 수 있다.
15	직장 생활	어떤 직장을 원해요?	직장 생활에 대한 다양한 의견을 말할 수 있다.
16	인터뷰	무슨 일이 있었나요?	인터뷰를 통해 얻은 정보로 기사를 작성, 발표할 수 있다.
17	뉴스	뉴스를 시작하겠습니다	기사를 요약해 발표할 수 있다.
18	대통령 선거	누구를 뽑으시겠습니까?	모의 대통령 선거를 통해 서로의 의견을 교환하고 다수의 의사를 결정할 수 있다.
19	결혼	결혼은 꼭 해야 하나요?	결혼과 독신에 대해 다른 사람과 의견을 나눌 수 있다.
20	토론	다 같이 토론해 봅시다	토론을 통해 자신의 의견을 말하고 다른 사람들의 의견을 종합할 수 있다.

차례

1 성격

활발한 성격이 부러워요

학습 목표 자신의 성격의 장단점에 대해서 다양한 어휘로 말할 수 있다.

■ 같이 이야기해 봅시다.

- 처음 만나는 사람과 금방 사귀는 편이에요?
- 자신의 성격 중에서 고치고 싶은 점은 뭐예요?
- 어떤 성격을 가진 사람이 부러워요?

어휘				
	내성적이다	외향적이다	소극적이다	적극적이다
	덜렁거리다	꼼꼼하다	우유부단하다	결단력이 있다
	털털하다	예민하다	명랑하다	

연습 1 다음의 표를 보고 자기에게 해당된다고 생각하는 성격에 √표를 하고, 그 이유를 이야기해 봅시다.

내성적이다(√)	외향적이다( )	소극적이다( )	적극적이다( )
조용하다. 밖으로 감정을 나타내지 않는다. 생각을 많이 한다. 부끄러움을 탄다.	활발하다. 처음 만나는 사람과도 잘 사귄다. 사람들 앞에서도 부끄러워하지 않는다.	다른 사람보다 먼저 나서지 않는다. 생각을 행동으로 옮기기가 힘들다.	생각한 것을 행동으로 옮겨 실천한다. 다른 사람의 일에 관심을 가지고 잘 돕는다.
덜렁거리다( )	**꼼꼼하다( )**	**우유부단하다( )**	**결단력이 있다( )**
매사에 서두른다. 물건이나 할 일을 자주 잊어버리고 실수도 많이 한다.	모든 일에 완벽하려고 한다. 생각을 많이 하고 신경을 많이 써서 실수가 적은 편이다.	결정을 잘 못한다. 다른 사람의 말에 좌우된다.	망설이지 않고 결정을 한다. 다른 사람의 눈치를 안 보고 자신의 생각을 행동으로 옮긴다.
털털하다( )	**예민하다( )**	**명랑하다( )**	**원만하다( )**
남의 시선에 신경을 안 쓴다. 무슨 일이 생겨도 별로 걱정을 안 하고 그냥 넘어간다.	남의 말이나 시선에 신경을 많이 쓰고 걱정도 많이 한다. 작은 일에도 신경을 쓴다.	밝고 쾌활하다. 잘 웃고 다른 사람과도 잘 어울린다.	친구를 잘 사귀고 다른 사람과 충돌이 없다. 모든 사람과 잘 지낸다.

예제

저는 내성적인 편이예요.
저는 사람들 앞에서 제 생각을 이야기하는 것이 부끄러워서 잘 말하지 못해요.
그래서 처음 만나는 사람과 친해지기가 어려워요.

• 저는 ______________________(으)ㄴ/는 편이예요.

____

____

____

____

연습 2 연습 **1**에서 이야기한 자신의 성격의 장단점에 대해서 옆 사람과 이야기해 봅시다.

자신의 성격의 장점	자신의 성격의 단점
•	•
•	•
•	•
•	•

예제

신 디 : 제 성격은 활발한 편이지만 다소 충동적인 면이 있어서 가끔 후회할 일을 할 때가 있어요.

희 정 : 저는 반대로 너무 내성적이고 꼼꼼해서 고민인데요. 활발한 성격이 부러워요.

신 디 : 저는 너무 털털해서 실수를 많이 하니까 오히려 꼼꼼했으면 좋겠는데요.

희 정 : 그래요? 저는 너무 많이 생각을 해서 결정을 잘 못해요. 우유부단한 제 성격이 싫어요. 그래서 결단력이 부족하다는 말을 자주 들어요.

신 디 : 하지만 저처럼 충동적으로 결정하다가는 후회할 일이 생길 수도 있어요. 특히 백화점에 갔을 때는요!

가 : 제 성격은 ____

나 : 저는 ____

가 : ____

나 : ____

연습 3 여러분은 자신에 대해 얼마나 알고 계세요? 다음 질문에 대답해 보세요. 진단 결과를 보고 자신이 생각하는 자신의 성격과 비교해 보세요.
(진단 결과는 질문 마지막에)

Test 1 당신의 사교성은?

한창 재미를 느끼며 추리소설을 읽고 있는데 어머니가 "저녁 먹자. 빨리 와라."라고 하신다. 그 순간 친구에게서 "오늘 저녁 시간 나면 만나서 놀자! 빨리 연락해 줘."라는 문자메시지가 도착한다. 당신은 무엇을 먼저 하겠나?

A) 읽던 책을 덮고 우선 밥을 먹으러 간다.
B) 읽던 책을 덮고 우선 친구에게 문자나 전화로 연락을 한다.
C) 우선 읽던 책의 재미있는 부분까지는 마저 읽는다.

Test 2 당신의 적극성은?

친구 집에 모여서 맛있는 케이크를 먹고 있다. 마지막 한 조각이 남았지만 다들 눈치를 보느라고 손대는 사람이 없다. 이 때 집 주인인 친구가 "먹을래?"라고 물었을 때 당신의 대답은?

A) 음, 좋아! 그럼 내가 먹을게.
B) 다 같이 조금씩 나눠 먹자.
C) 나는 배부른데 다른 사람이 먹지 그래?

Test 3 당신은 내성적? 외향적?

액자틀이 있다. 이 속에다 한 그루의 커다란 나무를 그려보자.

진단결과

■ TEST 1-당신의 사교성은?

A) 매우 가정적이고 집에서 조용히 지내는 것을 좋아하는 사람. 새로운 사람을 만나고 여럿이 어울리는 것보다는 친한 친구와의 관계를 더 중요하게 생각한다.

B) 사교적인 성격이며 얇고 넓은 인간관계를 가진 사람. 사회활동에도 적극적으로 참여하고 책임감도 있다. 일대일 만남보다는 여러 사람이 함께 어울리는 것을 더 좋아한다. 그러나 한 사람과의 관계에는 집중하지 못한다.

C) 마음이 맞는 사람하고만 친하게 지내는 사람. 여러 사람이 함께 만나는 모임을 싫어하며 공통의 관심사에 대해서 말이 통하는 소수의 사람하고만 친밀한 관계를 유지하고 싶어한다.

■ TEST 2-당신의 적극성은?

A) 적극적으로 먼저 말을 걸어 친구를 만드는 타입. 자신의 감정을 직선적으로 표현할 줄 안다.

B) 그룹 활동을 통해서 친구를 만드는 타입. 동아리나 종교 활동 등에 참가해서 친구를 만나는 것이 좋다.

C) 혼자 있기를 좋아하는 뒤로 물러나 있는 타입. 소극적이고 내성적이어서 많은 사람과 동시에 어울리는 것을 좋아하지 않는다. 자신과 비슷한 사람을 만나면 편한 친구가 될 수 있다.

■ TEST 3-당신은 내성적? 외향적?

A) 왼쪽으로 치우치거나 기울게 그린 사람은 내성적이며 과거지향적 타입 : 오른쪽 뇌가 발달한 사람은 이렇게 그린다. 이런 사람은 감정이 풍부하지만 과거에 있었던 일을 너무 많이 생각하는 경향이 있다.

B) 오른쪽으로 치우치거나 기울게 그린 사람은 외향적이며 미래지향적인 타입 : 이렇게 그린 사람은 논리적이며 언어에 소질이 있어 사교적인 면이 강한 타입이라고 볼 수 있다.

2 취미

인라인 스케이트를 타 보세요

학습 목표 자신의 취미를 말하고 다른 사람에게 적당한 취미를 권해 줄 수 있다.

■ 같이 이야기해 봅시다.

- 취미가 뭐예요?
- 취미 생활을 통해서 어떤 즐거움을 얻나요?
- 앞으로 해 보고 싶은 취미가 있어요?

어휘				
	여가	감상	뜨개질	장고 치기
	수집	바둑	요가	독서
	십자수	연 만들기		

연습 1 1) 다음 취미의 특징에 대해서 이야기해 봅시다.

2) 여러분의 취미를 소개하고 그 취미를 통해서 어떤 즐거움을 얻는지 이야기해 보세요.

예제

미선 : 저는 요즘 십자수를 배우고 있어요. 제가 덜렁거리는 성격이어서 좀 차분해지려고 시작했어요.

선주 : 그래요? 오랫동안 앉아서 바느질하기가 지루하지 않아요?

미선 : 아니에요. 오히려 끈기와 집중력이 생기더라고요. 또 여러 가지 물건을 만들다 보면 성취감도 느껴져요.

선주 : 무슨 물건을 만들 수 있는데요?

미선 : 휴대전화 줄을 만들어서 친구하고 가족들에게 선물했어요. 받는 사람들이 기뻐하는 모습을 보고 저도 보람을 느꼈어요.

연습 2 다음과 같은 사람들이 있습니다. 이 사람들에게 적당한 취미를 권해 주세요. 왜 그 취미를 권해 주고 싶은지 이야기해 보세요.

	권하고 싶은 취미	이유
① 컴퓨터로 집에서 일하는 남자	인라인 스케이팅	이 사람은 집에만 있으니까 운동부족이 되기 쉬워요. 밖에서 온몸을 이용하는 운동을 하면서 신선한 공기를 마시면 건강에도 좋을 거예요.
② 공부만 하는 여자 대학원생		
③ 주말에 잠만 자는 남자 회사원		
④ 하루 종일 집안일만 하는 주부		
⑤ 형제가 없는 여자 중학생		
⑥ 입시를 앞둔 고등학교 남학생		
⑦ 60세에 은퇴한 남자		
⑧ 소심하고 여성적인 남자		
⑨ 덜렁거리는 여자		
⑩ 한국에서 유학을 하고 있는 외국인		

연습 3 다음은 독특한 취미생활을 즐기는 사람들의 이야기입니다. 이야기를 읽고 여러분 주위에도 그런 사람들이 있으면 소개해 봅시다.

예제 1

울산에 사는 김용선(83세) 할아버지는 회사를 퇴직한 뒤부터 취미생활로 연을 만들기 시작하면서 30여 년간 수천 개의 연을 만들어서 '연 할아버지'로 불리고 있다. 요즘은 집 근처의 초등학교 어린이들에게 연을 만들어 주면서 연 역사도 가르치고 있다. 김 할아버지는 "내가 만든 연을 하늘로 올려 마음대로 조정하다 보면 자유를 느낀다"며 "앞으로도 죽는 날까지 연을 날리고 알리는 것이 작은 소망"이라고 말했다.

예제 2

회사원 조하나 씨(25세)는 만화책을 보다가 만화속의 인물이 되어 보고 싶다는 욕망을 느껴 만화 속 인물의 옷을 만들어 입고 즐기는 코스튬 플레이(costume play), 일명 코스프레 마니아가 됐다. 조 씨는 코스프레 행사가 열리기 한 달 전부터 직접 옷감을 구하고, 재단과 바느질까지 해서 옷을 만든다. "행사장에서 사람들이 제 본명이 아닌 만화 속 캐릭터의 이름으로 절 불러 주면 아주 짜릿해요." 현재 인터넷에는 코스프레 관련 카페가 4,900여 개가 될 만큼 많은 사람들이 즐기는 취미로 자리잡고 있다.

예제 3

자신이 직접 쓴 판타지 소설을 인터넷에 올려 서로가 쓴 소설을 읽으면서 평가해 주는 것을 취미로 즐기는 사람들도 많다. 대학생 김건웅 씨(22세)는 "현실이 답답하면 판타지 소설에 몰입해서 문제를 잊을 수 있다"고 했다. 최근에는 판타지 소설과 게임, 만화가 뒤섞이는 복합 판타지 장르도 생겨나고 있다. 이것을 즐기는 사람들은 자신이 만든 환상의 세계 속에서 잠시나마 각박한 현실을 잊고 스트레스를 풀 수 있다.

3 문의와 신고

카드를 분실했는데요

학습 목표 전화로 문의나 신고를 할 수 있다.

■ 같이 이야기해 봅시다.

- 집 전화나 휴대 전화가 있어요? 어떻게 가입했어요?
- 카드를 분실했을 땐 어떻게 해야 해요?
- 버스나 지하철에서 물건을 잃어버리면 어떻게 해야 하지요?

어휘				
	가입	설치	정지	해지
	개통	발신자 번호	결제	자동이체
	계좌번호	분실	재발급	유실물 센터

연습 1 전화와 인터넷 전용선 가입 신청을 해 봅시다.
두 사람이 역할을 정한 후 대화를 완성해 보세요.

상황 1 | ☎ 전화 가입 신청

안녕하십니까? KT 고객센터입니다.
먼저 요금안내는 1번, 고장신고는 2번, 모든 전화 설치, 이용안내는 3번을 눌러 주세요.
설치 및 이용안내입니다.
일반전화는 1번, 인터넷 전용선은 2번, 휴대 전화는 3번, 해지는 4번, 기타문의는 5번, 상담원과의 직접 통화를 원하시면 0번을 눌러 주세요. 이전 메뉴로 돌아가시려면 #(우물정자)를 눌러 주세요.
상담원과 연결해 드리겠습니다. 잠시만 기다려 주세요.

상담원 : 안녕하십니까? KT입니다 뭘 도와 드릴까요?
신청자 : 집에 전화를 놓으려고 하는데요.
상담원 : 먼저 이름과 주소 그리고 연락 가능한 전화번호가 있으면 말씀해 주세요.
신청자 : ____________________
상담원 : 혹시 외국인이신가요?
신청자 : ____________________
상담원 : 그럼 외국인 등록증을 복사해서 저희한테 보내주세요. 이메일 또는 팩스로 보내 주세요.
신청자 : ____________________
상담원 : 언제부터 개통해 드릴까요? 원하시는 날이 있나요?
신청자 : ____________________
상담원 : 희망하는 전화번호가 있으면 전화번호 뒷자리 네 개를 말씀해 주세요.
신청자 : ____________________
상담원 : 네, 잘 알겠습니다. 혹시 발신자 번호 서비스도 같이 신청하시겠어요?
신청자 : ____________________
상담원 : 결제는 어떻게 하시겠어요? 신용카드나 은행 자동이체로 할 수 있어요.
신청자 : ____________________
상담원 : 그럼 은행과 통장 계좌번호를 불러 주세요.
신청자 : ____________________
상담원 : 네, 감사합니다. 혹시 다른 문의는 없나요?
신청자 : ____________________
상담원 : 가입비는 6만 원이에요. 다음 달 통장에서 자동이체됩니다.
그럼 신청하신 날에 다시 전화 드리겠습니다. 안녕히 계십시오.

상황 2 | ☎ 인터넷전용선 가입신청

인터넷전용선 가입 신청

신청 방법 –전화나 인터넷으로 신청 가능.
필요한 서류 – 가입자의 여권 (앞, 뒤)이나 외국인 등록증 복사해서 보낼 것.
요금 형태 A형 – 저렴한 금액으로 초고속 인터넷 사용 가능.
1달에 3만 원, 1년 계약하면 2만 8천 원.
B형 – 동영상이나 게임 등 빠른 속도가 필요한 사람에게 적합.
1달에 4만 원, 1년 계약하면 3만 8천 원.
설치비– 3만 원
결제 – 통장에서 자동이체나 신용카드 가능

연습 2

전화로 분실신고를 해 봅시다.
두 사람이 같이 대화를 만들어 보세요.

상황 1 | ☎ 신용카드를 잃어버렸어요. 카드회사에 전화해 보세요.

카드 분실 신고

상담원 : 안녕하십니까? 뭘 도와 드릴까요?
분실자 : 저... 카드를 잃어버렸는데요.
상담원 : 먼저 신분 확인을 하겠습니다. 이름하고 전화번호를 말씀해 주세요.
분실자 : ____________________
상담원 : 고맙습니다. 언제 분실하셨어요?
분실자 : ____________________
상담원 : 그럼 혹시 카드번호를 아세요?
분실자 : ____________________
상담원 : 그럼 마지막으로 카드를 쓴 날이 언제인지 기억나세요?
분실자 : ____________________
상담원 : 네, 알겠습니다. 그럼 카드를 정지해 드리겠어요.
혹시 재발급을 원하시면 카드회사나 은행으로 직접 방문해 주세요.

상황 2 | ☎ 지갑을 백화점 화장실에 놓고 왔어요. 백화점에 전화해서 물어보세요.

지갑 분실 신고

백화점에서 지갑을 들고 다니다가 화장실에 놓고 나옴. 갈색 체크무늬 장지갑. 지갑에 현금 5만 원 , 신용카드 2장하고 여권이 들어있음.

상황 3 | ☎ 지하철에 가방을 놓고 내렸어요. 지하철 유실물 센터에 전화해 보세요.

물품 분실 신고 – 지하철 유실물 센터

	가방	디지털 카메라	안경
어제 오후 11시쯤 신촌역에서 지하철 2호선을 탐. 지하철 앞쪽 2~3번째 칸. 까만색 가방을 놓고 시청역에서 내림. 가방 속에는 디지털 카메라와 안경이 들어있음.	까만색 가죽가방으로 손으로 들거나 어깨에 멜 수 있음. 앞에 주머니가 많이 달려 있고 금색 장식이 있음.	SS사 제품 모델명 V-2000 회색 크기 13×10cm 가볍고 얇음. 새 것이나 다름없음.	금테안경. 렌즈는 연한 갈색. 까만색 안경집에 들어 있음.

연습 3 경찰서에 도난 신고를 해 봅시다. 두 사람이 같이 대화를 만들어 보세요.

| ☎ 집에 도둑이 들어 물건을 잃어버렸어요.

도난 신고

외출 (오전 10시~오후 3시) 후 돌아와 보니 문이 열려 있었음.
옷장과 서랍 문이 열려 있고 집안이 엉망임.
없어진 물건은 노트북 컴퓨터, 시계, 반지, 현금 30만 원쯤.

4 집 구하기

집이 마음에 들어요

학습 목표 자신이 원하는 집과 방 친구를 구할 수 있다.

■ 같이 이야기해 봅시다.

- 지금 살고 있는 집은 어떻게 구했어요?
- 집세를 올려달라고 하면 어떻게 하겠어요?
- 방 친구를 구한다면 어떤 사람이 좋을까요?

어휘				
	부동산 중개인	전/월세	보증금	주방
	계약금	계약서	잔금	중개 수수료
	위약금			

연습 1 마이클 씨가 집을 보러 갔어요. 두 사람의 대화를 완성해 말해 봅시다.

상황 1 | 집을 보러 왔어요.

중개인 : 안녕하세요? 집을 좀 보러 왔어요.

주 인 : 어서 오세요. 천천히 둘러보세요.

마이클 : 이 집은 지은 지 얼마나 되었어요?

주 인 : 지은 지 6개월밖에 되지 않아서 아주 깨끗해요.

마이클 : ______________________________?

주 인 : 물론이지요. 이쪽으로 오세요. 여기가 주방이에요.
대부분 다 갖추어져 있어서 그냥 오시기만 하면 돼요.

마이클 : ______________________________?

주 인 : 한 5분쯤 걸어 나가면 버스 정류장이 있어요. 지하철역은 마을버스로 한 정류장밖에 안 돼요. 교통편은 좋답니다.

마이클 : ______________________________?

주 인 : 하루 24시간 언제든지 따뜻한 물이 나오니까 염려마세요.

마이클 : ______________________________?

주 인 : 인터넷 전용선이 연결돼 있으니까 언제든지 마음대로 써도 돼요.

마이클 : 월세는 한 달에 얼마예요?

주 인 : ______________________________.

마이클 : 보증금도 있나요?

주 인 : 네, ______________________________.
계약기간이 끝나면 보증금은 다시 돌려 드려요.

마이클 : 언제 들어올 수 있나요?

주 인 : ______________________________.
얼마나 살 거예요?

마이클 : 1년이요. 여기가 마음에 들어요. ______________________________?

주 인 : 좋습니다. 그럼 계약을 합시다.

상황 2 | 계약을 하고 싶은데요.

중개인 : 그럼 언제 계약을 할까요? 내일 …… 좋아요. 내일 오후 5시가 어떻습니까?

마이클 : ______________________________?

중개인 : 내일은 계약금과 도장을 가져오세요.

마이클 : ______________________________?

중개인 : 계약금은 보통 집세의 10%예요. 나머지 잔금은 이사 오는 날 주시면 돼요.

마이클 : ______________________________?

중개인 : 만약 그런 일이 생기면 위약금을 내야 해요.
그럼 내일 5시에 제 부동산으로 오셔서 계약서를 씁시다.

연습 2 두 사람이 역할을 정한 후 자신의 입장에서 상대방을 설득해 보세요.

상황 1 | 재계약을 하고 싶은데요.

주인	세입자
현재 보증금 500만 원에 월세 60만 원을 받았으나 재계약을 하면서 월셋값을 올리려고 함. 교통이 편하고 집이 깨끗한 것을 강조함. 현재 생활비도 좀 부족해서 10만 원 정도 더 받고 싶음.	학생이고 이번 달에 등록금을 내서 돈이 별로 많지 않음. 교통편은 좋으나 방이 길 쪽으로 있어 시끄럽고 겨울엔 추움. 이사하는 것이 번거로워 현재 월세가격으로 그대로 살기를 원함.

세입자 : 계약 기간이 끝나 가니까 재계약을 다시 하고 싶은데요.

주　인 : 그래요? 그럼 서로 더 편하고 좋지요.
그런데 ______________________________.

세입자 : 그건 좀 어려운데요.
아시다시피 저는 ______________________________.

주　인 : ______________________________.

세입자 : ______________________________.

주　인 : ______________________________.

세입자 : ______________________________.

주　인 : ______________________________.

상황 2 | 이사를 하려고 하는데요.

이사하려는 사람	이삿짐센터 사람
이사를 하려고 하는데 이사비가 너무 비싸다고 생각함. 물건이 별로 많지 않아 싼 가격으로 이사하고 싶음. 이삿날이 평일이고 거리가 가까운 것을 강조하고 싶음.	거리는 가까우나 이사하는 곳이 15층이라 물건을 올리고 내리는 데 시간과 비용이 많이 듦. 짐은 별로 많지 않으나 무거운 피아노와 화분이 많아 운반이 어려움.

연습 3 지금 방을 찾고 있는데 이런 광고를 봤어요. 직접 전화를 걸어 이야기해 보세요.

예제

방 친구를 찾아요.

저는 일본에서 대학교를 다니다가 휴학하고 한국말을 배우러 온 여학생이에요. 같이 살던 친구가 자기 나라로 돌아가서 새 친구를 찾아요. 우리 집은 연대 동문 근처예요. 집은 좀 오래 되었지만 아주 깨끗하답니다. 방 2개에 주방과 욕실이 있고 텔레비전, 냉장고, 세탁기도 있어요. 이 근처 대학교에 다니는 학생이면 좋겠어요. 한국말 연습도 하고 주말에는 같이 외출하거나 여행을 할 수 있으면 더 좋고요. 그런데 제가 좀 깔끔한 편이라 정리 정돈을 잘 하고 규칙적인 생활을 하는 사람이면 좋겠어요. 한 달 월세는 35만 원이에요. 관심이 있으면 연락해 주세요.

마리코 (21세) ☎ 010-3199-4225

마리코 : 여보세요? 마리코인데요.

나 : 방 친구를 찾는다는 광고를 보고 전화했어요.

저는 ______________________

마리코 : ______________________

나 : ______________________

마리코 : ______________________

나 : ______________________

마리코 : ______________________

나 : ______________________

마리코 : ______________________

5 약국

머리가 아플 땐 이 약이 잘 들어요

학습 목표 약국에서 자신의 증상을 정확하게 설명할 수 있다.

■ 같이 이야기해 봅시다.

- 약국에 가서 약을 사 본 적이 있어요?
- 평소에 자주 먹는 약이 있어요? 언제, 어떨 때 먹어요?
- 상비약으로는 어떤 것을 준비해야 하나요?

어휘				
	상비약	두통약	해열제	소화제
	멀미약	모기약	소독약	수면제
	지사제(설사약)	연고		

연습 1 여행을 갈 때 상비약을 가져가려고 해요. 무엇이, 언제 필요한지 말해 봅시다.

상비약	언제 사용해요?
두통약	머리가 아플 때
소화제	

연습 2 1) 두 사람이 약사와 손님이 되어 이야기해 봅시다.

2) 손님은 자신의 증상과 필요한 약에 대해서 설명하세요.

3) 약사는 필요한 약과 복용 방법, 복용시간 및 주의할 점에 대해서 자세히 이야기해 주세요.

예제 | 머리가 아플 때

약사 : 어서 오세요. 무슨 일로 오셨어요?
손님 : 두통이 심해서요.
약사 : 언제부터 그랬어요?
손님 : 오늘 아침부터 머리가 좀 무겁더니 지금은 깨질 듯이 아파요.
약사 : 다른 증상은 없어요? 전에도 그런 적이 있어요?
손님 : 다른 덴 괜찮아요. 가끔 신경을 많이 쓰면 머리가 아파요.
약사 : 혹시 약을 먹으면 무슨 부작용이라도 있나요?
손님 : 특별한 건 없지만 약을 먹으면 속이 좀 쓰릴 때가 있어요.
약사 : 그럼 이 약을 드세요. 두 알씩 하루에 두 번 드세요.
두통엔 이 약이 잘 들어요.

상황 1 | 아이가 놀다가 넘어져서 피가 나고 상처부위도 더러울 때

상처부위를 소독/ 연고 바름/ 밴드 붙임/ 긁거나 만지지 않도록 주의.

약사 : 어서 오세요. 어떻게 오셨어요?

손님 : 아이가 넘어져서 다쳤어요. 피도 나고요.

약사 : ______________________________

손님 : ______________________________

약사 : ______________________________

손님 : ______________________________

약사 : ______________________________

상황 2 | 입 안이 헐어서 아플 때

입 안에 바르는 연고(하루에 3~4회) / 자극적인 음식 먹지 말 것.

약사 : 어서 오세요. 무슨 일로 오셨어요?

손님 : 입 안이 헐어서 아파요. 음식 먹기도 어렵고요.

약사 : ______________________________

손님 : ______________________________

약사 : ______________________________

손님 : ______________________________

약사 : ______________________________

상황 3 | 음식을 하다가 가벼운 화상을 입었을 때

상처부위를 찬물에 식힘/ 화상 연고/ 붕대로 감음/ 물에 닿지 않도록 주의.

약사 : 어서 오세요. 어떻게 오셨어요?

손님 : 음식을 하다가 손을 좀 데었어요. 심하지는 않은데 어떻게 하면 될까요?

약사 : ____________________

손님 : ____________________

약사 : ____________________

손님 : ____________________

약사 : ____________________

상황 4 | 멀미약을 살 때

마시는 약과 몸에 붙이는 약 두 종류/ 30분 전에 미리 먹을 것/ 졸릴 수가 있음.

약사 : 어서 오세요. 무슨 일로 오셨어요?

손님 : 오늘 배를 타고 여행을 갈 건데 제가 멀미를 자주 하는 편이에요.

약사 : ____________________

손님 : ____________________

약사 : ____________________

손님 : ____________________

약사 : ____________________

연습 3 다음 그림을 보면서 약 광고를 만들어 봅시다. (보기를 참고하세요)

보 기

더부룩하다	답답하다	체하다	(머리가) 지끈거리다	울렁거리다
매슥거리다	속이 쓰리다	기운이 없다	부어오르다	가렵다

예) 종합감기약

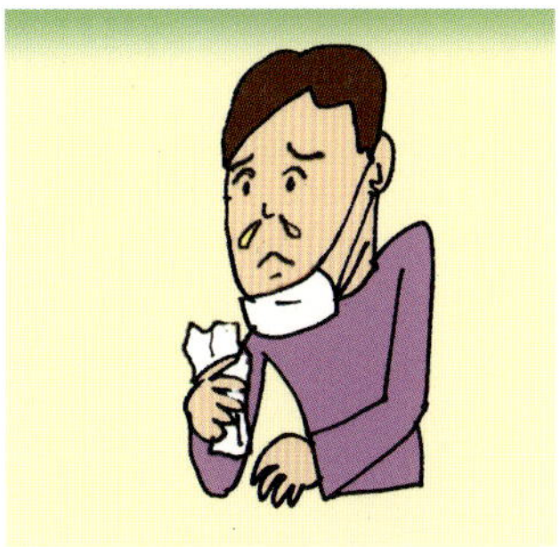

머리가 지끈지끈,
콧물이 줄줄,
기침이 콜록콜록,
이럴 땐 종합감기약
빨리나를 드세요.
벌써 ... 나으셨다고요?

1) 소화제

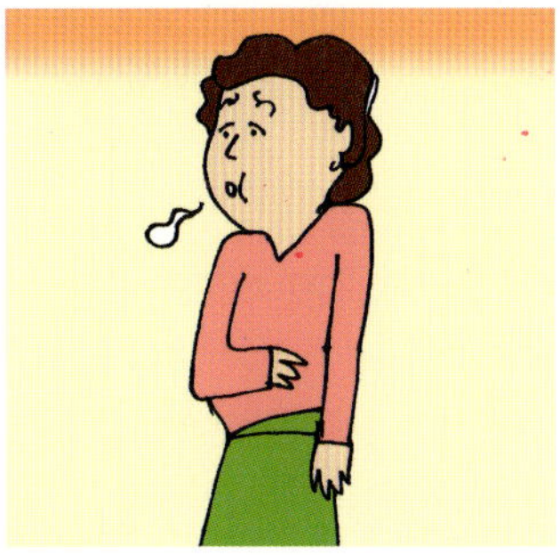

2) 두통약

3) 멀미약	

4) 숙취해소제	

5) 벌레에 물렸을 때 바르는 약	
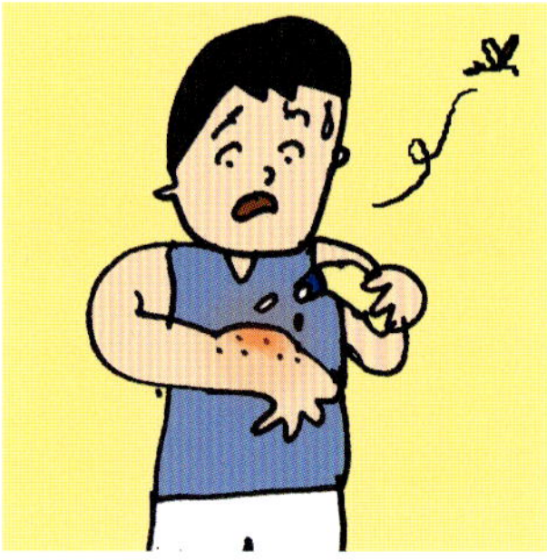	

6 병원

눈병이 났어요

학습 목표 병원에 가서 자신의 증상을 설명하고 필요한 치료를 받을 수 있다.

같이 이야기해 봅시다.

- 감기에 걸렸을 때 어떻게 해요?
- 한국에서 병원에 간 적이 있어요? 무슨 일로 갔어요?
- 병원에 입원하거나 수술을 받은 적이 있어요?

어휘				
	결막염	구토	설사	충치
	사랑니	두드러기	여드름	식중독
	알레르기 비염	기관지염		

연습 1 다음과 같은 경우에 어떻게 하면 좋은지 방법을 가르쳐 주세요.

감기에 걸렸을 때	알레르기 질환이 있을 때 (재채기, 콧물, 가려움)	우울할 때
• 물을 많이 마신다. • 배에 꿀을 넣고 오래 끓여서 마신다. • •	• 늘 청소를 깨끗이 한다. • 이불을 잘 세탁한다. • • •	• 카페인이 든 음식을 줄인다. • 항상 좋은 것을 생각한다. • • •

연습 2 1) 세 사람이 한 조가 되어 역할(의사, 환자 1, 환자 2)을 정하세요.

2) 보기를 참고하여 대화를 만들어 봅시다.

3) 한 병원이 끝나면 다른 병원으로 바꿔서 연습해 봅시다.

	병명	증상	치료	주의사항
안과	결막염	눈이 따끔거리며 아픔. 충혈되고 눈곱이 많이 낌.	안약과 연고 바름. 약 복용(1일) 내일 다시 방문.	전염될 수 있음. 수건 혼자 사용.

예제 | 안과 (결막염)

의사 : 어디가 불편하세요?

환자1 : 수영장에 갔다 온 다음부터 눈이 따끔따끔하고 아프더니 오늘 아침엔 이렇게 충혈됐어요. 눈곱도 많이 끼고요.

의사 : 어디 봅시다.... 결막염이군요. 며칠 치료를 받으면 금방 나을 거예요. 안약과 연고를 드릴 테니까 집에 가서 넣으세요. 그리고 이건 다른 사람에게 전염될 수 있으니 수건 같은 것은 따로 쓰세요.

환자1 : 네, 잘 알겠습니다. 약도 먹어야 하나요?

의사 : 네, 약을 하루 분 처방해 드리겠습니다. 내일 다시 오세요.

환자1 : 고맙습니다.

	병명	증상	치료	주의사항
내과	감기	열이 나고 목이 아픔. 콧물이 남. 머리와 온몸이 아픔.	주사 및 약 복용(1일) 내일 다시 방문.	과로하지 말 것.
	장염	배가 아픔. 열이 나고 구토, 설사함.	약 복용(2일). 이틀 후 다시 방문.	술과 자극적인 음식을 피할 것.

	병명	증상	치료	주의사항
치과	충치	이가 까맣게 되고 아픔.	한 달 정도 충치 치료	식사 후 꼭 양치질할 것. 단 음식을 많이 먹지 말 것.
	사랑니	사랑니가 났는데 시리고 아픔.	오늘은 간단히 치료. 일주일 후에 뺄 수 있음.	너무 차거나 단 음식을 먹지 말 것.

	병명	증상	치료	주의사항
피부과	식중독	음식을 먹은 후 몸이 가렵고 두드러기가 남.	주사 및 약 복용(2일) 연고 바름.	가려워도 긁지 말 것.
	여드름	얼굴에 좁쌀같이 작은 것이 많이 생김.	깨끗한 물로 세수, 연고 바를 것.	비누 사용금지. 절대로 손으로 짜지 말 것. 기름기 많은 음식 줄일 것.

	병명	증상	치료	주의사항
정형외과	손가락 뼈에 금이 감	농구를 하다가 손가락을 다침. 움직이기가 어렵고 많이 아픔.	X-ray 촬영 손가락 뼈에 금이 가서 깁스를 해야 함.	물에 닿지 않도록 주의. 다친 손 사용하지 말 것.
	다리 골절	인라인 스케이트를 타다가 넘어짐. 다리가 많이 부었고 걸을 수 없음.	X-ray 촬영 다리가 부러짐. 주사와 약 복용. 깁스를 해야 함.	운동 금지. 무리하지 말 것.

연습 3 다음 단어와 관계된 이야기나 경험담을 말해 봅시다.

보기

병원 의사 선생님 간호사 주사 수술 입원

예제 | 주사

지난 번 감기에 걸려서 병원에 갔을 때 엉덩이에 주사를 맞았어요. 간호사가 주사 맞을 테니까 옷을 내리라고 해서 깜짝 놀랐어요. 뒤로 돌아서 있는데 마치 아이처럼 떨렸어요. 주사기가 들어갈 땐 나도 모르게 얼굴을 찡그렸어요. 간호사가 많이 문지르라고 했지만 창피해서 빨리 옷을 입고 나왔어요. 그랬더니 정말 걷기가 힘들 정도로 아팠어요. 역시 주사는 어렸을 때나 어른이 된 지금이나 아프기는 마찬가지예요.

7 한국의 특별한 날

오늘이 무슨 날인지 아세요?

학습 목표 한국의 기념일과 명절을 자기나라와 비교해서 말할 수 있다.

■ 같이 이야기해 봅시다.

- 한국의 공휴일에는 어떤 것들이 있어요?
- 여러분 나라에 있는 특별한 날은 언제예요? 그 날 뭘 해요?
- 요즘 생긴 특별한 날에는 어떤 것이 있어요?

어휘				
	설날(음력 1.1)	정월대보름(음력 1.15)		삼일절(3.1)
	근로자의 날(5.1)	어린이날(5.5)	석가탄신일(음력 4.8)	어버이날(5.8)
	스승의 날(5.15)	현충일(6.6)	제헌절(7.17)	광복절(8.15)
	추석(음력 8.15)	개천절(10.3)	한글날(10.9)	동지(12.22)
	성탄절(12.25)			

연습 1 다음은 한국의 기념일이에요. 여러분 나라와 비교해서 말해 봅시다

기념일	기념일의 목적과 행사	다른 나라
어린이날 (5월 5일)	어린이들을 사랑하고 어린이들에게 꿈과 희망을 주기 위해 만든 날. 보통 가정에서 아이들은 부모님으로부터 선물을 받고 하루를 즐겁게 보냄.	
어버이날 (5월 8일)	아버지, 어머니의 은혜에 감사하고 노인들을 존경하는 날. 원래는 어머니날이었으나 아버지를 포함하는 어버이날로 바뀜. 가정에서는 부모님께 카네이션 꽃을 달아 드리고 선물을 드림.	
스승의 날 (5월 15일)	선생님의 은혜에 감사하고 존경하는 뜻으로 만든 날. 이날 보통 선생님께 감사 편지를 써서 드리거나 카네이션 꽃 한 송이를 달아드림.	

연습 2 **다음은 한국의 명절과 절기입니다. 참고에 있는 설명을 읽은 다음 친구들에게 말해 주세요.**

1) 네 사람이 한 조가 되어 참고에 있는 설명을 하나씩 읽거나 외우세요.

2) 다른 친구들에게 자기가 읽은 내용을 설명해 주세요.

3) 친구의 말을 들으면서 간단히 메모한 후 다시 말해 보세요.

한국의 명절과 절기

	언제	음식	하는 일
	설날 ___월 ___일 (음력)		
	정월대보름 ___월 ___일 (음력)		
	추석 ___월 ___일 (음력)		
	동지 ___월 ___일 (양력)		

연습 3 자기나라 명절에 대해서 간단하게 쓰고 이야기해 봅시다.

명절 이름		
날짜		
먹는 음식		
하는 일		

윷놀이

줄다리기

강강술래

참고 다음 명절과 절기 중에서 하나를 골라 읽거나 외운다(4명이 한 조). 같은 조끼리 모여 앉아 한 사람씩 자기가 알고 있는 것에 대해 이야기하면 다른 사람들은 들은 내용을 각자의 메모지에 간단하게 적은 다음 발표한다.

한국의 명절과 절기

설날 (음력 1월 1일)

아침에 한복이나 새 옷을 입고 조상님께 차례를 지내며 1년 동안 건강하게 잘 지내기를 빈다. 차례를 지낸 후에 웃어른들께 세배를 한다. 세배를 받은 어른들은 아이들에게 세뱃돈을 준다. 설날에는 떡국을 먹는데 이것을 먹어야 한 살 더 먹는다고 생각했다. 설날에 하는 놀이로는 윷놀이와 연날리기가 있는데 특히 윷놀이는 온 가족이 다같이 모여서 할 수 있는 재미있는 놀이다.

정월 대보름 (음력 1월 15일)

설날이 지난 후 첫 번째 보름날이다. 이 날에는 오곡밥(다섯 가지 곡식으로 만든 밥)과 여러 가지 나물을 먹는다. 또한 아침에 밤, 호두, 땅콩 등을 깨물어 먹고 저녁에는 보름달을 보면서 제일 먼저 소원을 빌면 그 소원이 이루어진다고 한다. 놀이로는 연날리기, 쥐불놀이 등이 있는데 나쁜 일이 생기지 않고 한 해 농사가 잘 되기를 비는 의미였다.

추석 (음력 8월 15일)

추석은 일년 농사와 추수에 대해서 조상님들께 감사드리는 날로 설날과 함께 한국의 최대 명절 중 하나다. 추석에는 새로 나온 햇곡식과 햇과일로 조상님께 차례를 지내는데 특히 햅쌀로 만든 송편이라는 떡이 가장 대표적인 음식이다. 차례를 지낸 후 성묘를 하러 가고 놀이로는 줄다리기나 씨름, 강강술래 등을 즐겼다.

동지 (12월 22일)

1년 중 낮이 가장 짧고 밤이 가장 긴 날이다. 다음날부터 차츰 밤이 짧아지고 낮이 길어진다. 동짓날에는 팥죽을 먹고 달력을 나눠 가지는 풍습이 있었다.
팥죽을 먹는 것은 붉은색인 팥이 나쁜 귀신을 쫓는다고 믿었기 때문이다. 요즘에는 그런 것을 그리 믿지는 않지만 팥죽을 먹는 풍습은 계속 남아 있다.

8 서울

서울 구경을 해 볼까요?

학습 목표 서울의 명소와 문화를 소개할 수 있다.

■ 같이 이야기해 봅시다.

- 서울에서 어디를 가 보셨어요?
- 서울에서 가 본 곳 중에서 친구에게 소개해 주고 싶은 곳이 있어요?
- 서울에 있는 동안 꼭 해 보고 싶은 것이 있어요?

어휘				
	명소	궁궐	규모	복원
	양반	기능 보유자	민속놀이	하천
	유물	전망	골동품	전통문화예술

연습 1 서울 지도를 보면서 여러분이 가 본 곳에 대한 느낌을 말해 봅시다.

장소	언제	느낌
경복궁	작년 여름	크고 아름다웠다. 특히 건물의 화려한 색깔이 인상적이었다.

연습 2 외국에서 친구가 2박 3일 일정으로 서울에 여행을 왔습니다. 그 친구에게 서울을 소개해 주세요. 두 사람씩 짝을 지어 서울의 명소와 음식, 쇼핑지에 대해 알아보고 소개해 봅시다.

	오전	오후	저녁
첫째 날		서울 도착	저녁식사 후 관광
둘째 날	아침식사 후 관광	점심식사 후 쇼핑	저녁식사 후 관광
셋째 날	아침식사 후 쇼핑	공항으로 출발	

가 볼 곳 : 경복궁, 남산골 한옥마을, 청계천, 국립중앙박물관, 서울타워, 인사동

경복궁 	• 시내 중심에 위치 • 조선시대 왕이 살던 궁궐 중의 하나로 그 시대 왕의 생활을 잘 알 수 있음. • 아름답고 큰 규모의 건물들이 많음. • 조선시대의 대표적인 건축물로 경회루가 있는 연못이 유명함.
남산골 한옥마을 	• 남산 아래쪽에 위치 • 조선시대 한옥과 그 한옥들에 알맞는 가구들을 옛날 모습대로 배치해 놓아 그 시대 양반과 일반인들의 생활 모습을 볼 수 있음. • 기능보유자들이 만든 작품과 기념품도 판매하고 있음. • 마당에서 민속놀이도 즐길 수 있음.
청계천 	• 서울의 서쪽에서 동쪽으로 흐르는 하천 • 예전에는 하천을 막아 도로로 이용하다가 2005년 10월에 복원 공사를 하여 예전의 모습을 되찾았음. • 청계천의 아름다운 풍경을 볼 수 있으며, 서울 공기도 맑게 해주고 있음. • 서울 시민들의 휴식 공간이 되고 있음.
국립중앙박물관 	• 한국 최대의 박물관 • 2005년 10월 용산으로 이전하여 새롭게 문을 염. • 한국의 역사적인 유물이 많이 전시되어 있음. • 전시관뿐만 아니라 음악회, 연극을 볼 수 있는 공연장도 있음. • 식사나 휴식을 위한 공간도 충분히 마련되어 있음.
서울타워 	• 남산 정상에 있는 타워 • 전망대에서 동서남북 전망과 서울의 스카이라인, 야경을 즐길 수 있음. • 타워 꼭대기의 식당에서는 360도를 천천히 돌며 모든 방향의 전망을 보며 음식을 즐길 수 있음. • 케이블카나 버스를 이용해 갈 수 있음.
인사동 	• 서울의 전통문화예술 활동의 중심지 • 화랑과 골동품 가게, 민속 공예품 가게들이 많음. • 한국 전통음식점, 찻집, 기념품 판매점들이 모여 있어 외국인들의 발길이 끊이지 않고 있음.

〈역할〉

- 민수 - 한국 대학생
- 마이클 - 처음으로 한국에 2박 3일로 여행 온 외국인.

상황 1 | 구경할 곳

예) 경복궁 ⇨ 인사동 ⇨ 청계천

대화 1

민　수 : 서울은 처음이지? 어디부터 가 볼까?

마이클 : 경복궁은 꼭 가보라고 하던데 그 곳은 어떤 곳이야?

민　수 : 경복궁은 ______________________________

____

마이클 : 그럼 제일 먼저 가 봐야겠다.

그 다음은 인사동이 어떨까? 지도를 보니까 경복궁에서 가까운데?

민　수 : 그렇게 하자. 인사동은 ______________________________

____

마이클 : 잘 됐다. 여행 기념으로 선물도 좀 사야 하는데...

거기서 가까운 데는 청계천이네. 여기는 어떤 곳이야? 처음 듣는 곳인데.

민　수 : 청계천은 ______________________________

____

대화 2 | 여러분이 친구와 같이 가 보고 싶은 곳을 3곳 골라서 대화를 만들어 보세요.

예) [ ] ⇨ [ ] ⇨ [ ]

민 수 : ____________________

____

마이클 : ____________________

____

민 수 : ____________________

____

마이클 : ____________________

____

민 수 : ____________________

____

마이클 : ____________________

____

음식 : 갈비, 불고기, 삼계탕, 보쌈, 냉면, 비빔밥

갈비	불고기	보쌈

• 소갈비를 한국식 양념을 하여 구워 먹는 음식 • 가격이 좀 비쌈.	• 소고기를 양념하여 구워 먹는 음식 • 가격은 그리 비싸지 않음.	• 삶은 돼지고기를 김치나 야채에 싸서 먹는 음식
삼계탕	**냉면**	**돌솥비빔밥**

• 닭의 뱃속에 인삼, 대추, 밤, 찹쌀을 넣고 오랜 시간 끓인 탕 • 맵지 않고 건강에도 좋음.	• 매운 고추장 양념에 면을 비벼 먹는 비빔냉면과 시원한 육수에 면을 넣어 먹는 물냉면이 있음. • 고기를 먹은 후 가볍게 먹을 수 있음.	• 밥에 고기 및 여러 가지 나물을 넣어 고추장 양념으로 비벼서 먹는 음식 • 돌솥에 담으면 빨리 식지 않아 오랫동안 뜨거운 음식을 즐길 수 있음.

상황 2 | 음식

예) 점심 : 냉면 ⇨ 저녁 : 갈비

대화 1

마이클 : 점심 때가 돼서 그런지 배가 고픈데. 뭘 먹으면 좋을까?

민 수 : 맛있는 음식이 너무 많아서 뭘 추천해야 할지 모르겠어.

마이클 : 냉면은 어떤 음식이야? 맛있어? 값은?

민 수 : 냉면은 ______________________________

____

마이클 : 또 다른 음식은 뭐가 유명해?

민 수 : 한국음식으로는 역시 갈비가 최고지.

갈비는 ______________________________

마이클 : 그럼 그건 저녁에 먹자.

대화 2 | 여러분이 먹고 싶은 음식을 골라서 친구와 대화해 보세요.

예) ______ ⇨ ______

민 수 : ______________________________

____

마이클 : ______________________________

____

민 수 : ______________________________

____

마이클 : ______________________________

____

쇼핑 : 동대문 시장, 이태원, 면세점, 이대앞

동대문 시장	이태원
 • 동대문에 있는 한국의 대표적 시장 • 오랜 전통을 가지고 있고 백화점이나 일반 가게에 비해 값이 쌈. • 일반 백화점에 없는 다양한 물건들이 있음. • 늦은 밤부터 새벽까지 문을 여는 새벽시장이 유명함.	 • 용산 미군부대 근처에 있는 쇼핑거리 • 미국인들이 쇼핑을 하거나 여가를 즐기면서 미국문화가 자연스럽게 형성되었음. • 미국 스타일의 패션가게와 음식점들이 있음. • 한국의 일반 가게에서는 구입하기 힘든 큰 사이즈의 옷이나 신발을 파는 가게도 있음.
면세점	**이대 앞**
 • 고급명품을 세금을 면제 받고 살 수 있음. • 보통 백화점이나 호텔 안에 위치하고 있음. • 세일 기간을 이용하거나 외국인 할인 혜택을 받으면 더 싸게 살 수 있음. • 한국의 특산물이나 관광기념품, 김치, 김 등의 음식도 판매함.	 • 이화여자대학교 앞의 쇼핑거리 • 길 양쪽에는 크고 작은 레스토랑과 액세서리 가게, 최신 유행을 이끄는 옷가게들이 줄지어 있어 젊은이들의 감각을 알 수 있음. • 싸고 다양한 먹을거리도 있음.

상황 3 | 쇼핑

예) 동대문 시장 ⇨ 이대 앞

대화 1

마이클 : 안내책에 의하면 서울은 쇼핑의 천국이라던데.

민 수 : 응, 맞아. 나도 시간이 날 때마다 쇼핑하러 다녀. 그런데 쇼핑은 뭐니 뭐니해도 동대문 시장에서 하는 게 최고지.

마이클 : 아 그래? 나도 가보고 싶어. 어떤 곳이야?

민 수 : 동대문 시장은 ______________________________

____

마이클 : 그런데 요즘 한국 젊은이들 사이에는 어떤 게 유행하고 있어? 어디에 가면 알 수 있을까?

민 수 : 그럼 이대 앞에 가 볼까? 이대 앞은 ______________________________

____

마이클 : 그래? 거기도 꼭 가보고 싶어.

그럼 ____________에 가서 ____________을/를 사고 ____________에 가서는

____

대 화 2 | 여러분이 직접 쇼핑할 곳을 선택해서 대화를 해 보세요.

예) [ ] ⇨ [ ]

민 수 : ______________________________

____

마이클 : ______________________________

____

민 수 : ______________________________

____

마이클 : ______________________________

____

연습 3 위에서 소개되지 않은 것이 있으면 더 추천해 봅시다.

항목	추천할 곳/것
가 볼 곳	
먹어 볼 것	
쇼핑할 곳	
해 볼 것	

9 광고

참신한 광고를 만들어 보세요

학습 목표 독특한 광고를 만들어 상품을 소개할 수 있다.

■ 같이 이야기해 봅시다.

- 광고를 보고 물건을 구입하는 편이에요?
- 어떤 광고가 관심을 끄나요?
- 기억나는 광고가 있나요? 그 광고는 어떤 광고였나요?

어휘				
	신제품	관심을 끌다	참신하다	독창적이다
	광고 문안	광고주	소비자	판매하다
	구입하다	광고 효과		

연습 1 다음 광고를 보고 이야기해 봅시다.

1) 다음은 여러가지 상품들을 소개하는 광고입니다. 어떤 광고인지 이야기해 봅시다.

①

이 세상에서
가장 향기로운
[ ]는 당신과
마시는
[ ]입니다.
([ ] 광고)

②

[ ]의
빈 깡통과
깨어진 사랑은
가까운 쓰레기통으로
([ ] 광고)

③

[ ]는
시간을 보기 위한
것이 아니라
시간을 만들기
위한 것이다.
([ ] 광고)

④

"그녀의 초상"을
읽는 동안 난
내려야 할 정류장을
두 번이나 지나쳤다.
([ ] 광고)

2) 독특한 광고 문안을 넣어서 광고를 만들어 봅시다.

예제 | 홈쇼핑 광고

남자: 오랜만에 운동하니까 기분좋지?
여자: 응, 정말 상쾌하다.
남자: 사람들이 많이 나와서 뛰고 있네.
여자: 아! 그런데 저 남자가 신고 있는 운동화 정말 멋있다.
남자: 어, 저 운동화 얼마 전에 본 건데...
여자: 어디서 봤는데?
남자: 연세 홈쇼핑. 나도 사려고 했었는데...
여자: **쇼핑은 보는 게 아니라 하는 거야!** 보기만 하면 무슨 소용있어?
남자, 여자: 여러분 기억하세요. **쇼핑은 보는 게 아니라 하는 거**랍니다. 연세홈쇼핑!

정답 1) ① 커피 ② 맥주 ③ 시계 ④ 책

연습 2 **한 음료수 회사가 신제품을 개발해서 참신한 광고를 모집하고 있습니다. 3~4명씩 조를 짜서 광고를 직접 만들어 보세요.**

1) 음료수의 이름을 정하세요.

2) 제품에서 강조하고 싶은 특징을 생각하세요.

3) 제품의 특징을 나타낼 수 있는 광고 문안을 생각하세요.

4) 위의 사항을 정리해서 소비자의 관심을 끌 수 있는 20초짜리 광고를 만들어 보세요.

이름	강조하고 싶은 제품의 특징
광고문안	

연습 3 **광고주에게 여러분이 만든 광고를 발표해 봅시다.**

1) 발표하기 전에 다음 사항들에 대한 대답을 준비하세요.
   ① 이 광고는 어떤 소비자를 대상으로 만들었나?
   ② 이 광고에서 어떤 느낌을 주려고 했나?
   ③ 이 광고에서 강조한 제품의 특징은 무엇인가?
   ④ 제품의 이름이 의미하는 것은 무엇인가?

2) 광고주에게 자신의 광고에 대한 설명을 하고 20초짜리 광고를 발표해 보세요.

3) 여러분이 광고주라면 어느 광고를 선택하시겠습니까? 그 이유도 말해 봅시다.

10 설문 조사

한국 사람들은 이렇게 생각한대요

학습 목표 다른 사람들의 생각을 추측해 말할 수 있다.

■ 같이 이야기해 봅시다.

- 한국 대학생들은 한 달에 술값으로 얼마나 쓸까요?
- 여러분은 친구나 가족에게 어떤 거짓말을 자주 해요?
- 여러분은 복권을 사요? 언제 복권을 사고 싶다는 생각이 들어요?

어휘				
	설문 조사	기업가	언론인	빚
	투자	복권	당첨	

연습 1 다음 설문 조사를 보고 빠진 부분을 맞혀 보세요.

1) 3~4명이 한 조가 되어 같이 이야기해 보세요.

2) 정답을 맞추면 점수를 드려요.(54.3% → 54점)

3) 가장 점수가 많은 조가 이겨요.

1. 초등학생에게 물었어요. "부모님께 가장 하고 싶은 말은?"

1위		54.3%
2위	공부만 하라고 하지 마세요	20.5%
3위		18.6%
4위	기타	6.6%

2. 청소년들(남/여)에게 물었어요. "장래 희망하는 직업은?"

1위		22.7%
2위		13.5%
3위		10.2%
4위	아티스트(예술분야)	10%
5위	언론, 방송인	8.6%
6위	컴퓨터와 관계된 업종	5.4%
7위	변호사	3.9%
8위	의사	2.1%

3. 대학생들한테 물었어요. "한 달에 지출하는 술값은?"

① 1~5만원 ② 5~10만원 ③ 10~20만원 ④ 20만원 이상

1위		45%
2위		30%
3위		12.2%
4위	20만원 이상	8.4%

4. 20~30대 결혼한 여자에게 물었어요. "결혼 전 남편이 한 거짓말은?"

1위		56%
2위		25%
3위	나 여자랑 손 한 번 못 잡아 봤어	19%

5. 30~40대 사람들에게 물었어요. "로또 같은 복권을 사고 싶을 때는?"

1위		31.4%
2위		28.2%
3위	로또에 당첨되어 많은 돈을 받는다는 기사를 봤을 때	20.7%
4위	회사를 그만두고 싶을 때	9.2%

6. 60대 노인들께 물었어요. "노인들이 겪는 가장 큰 어려움은?"

1위		47%
2위		14%
3위	외로움	12%
4위	취미나 일이 없는 것	8.1%

연습 2 설문 조사할 질문을 만들어 친구들에게 물어봅시다(한국 생활, 학교생활, 친구들에게 궁금한 것 등). 그런 다음 표를 만들어 발표해 봅시다.

설문조사 질문 :

이름	대답

1위		%
2위		%
3위		%
4위		%

연습 3 앞에서 한 설문 조사의 결과에 대해서 여러분의 생각과 느낌을 말해 보세요.

남편과 아내가 가장 많이 하는 거짓말은?

인터파크가 기혼 남녀 8849명을 대상으로 한 설문 조사에서 남편이 가장 많이 하는 거짓말로 "금연하고 운동해서 살 뺄거야"가 47%를 차지, 1위에 올랐다. 다음으로 "보너스 타면 당신 다 갖다 줄게"가 32%로 2위, "오늘 상가집에 가야 해"가 22%로 3위를 차지했다. 반면에 아내가 남편에게 하는 거짓말로는 "화 안 낼 테니까 솔직히 말해 봐"라는 대답이 56%로 1위, "다이어트 중이야. 오늘만 먹고 안 먹을거야"라는 대답이 25%로 2위, "결혼 전에 따라다니는 남자들이 줄을 섰었어"라는 대답이 19%로 3위를 차지했다.

또한 결혼 전 남편에게 했던 거짓말로는 42%가 "세상에서 당신이 제일 멋져"라고 대답해 1위를 차지했다. "화장 하나도 안 한 건데"가 30%로 2위, "집이 너무 엄해서 일찍 들어가야 해"가 28%로 3위였다.

참고 1. 초등학생에게 물었어요. "부모님께 가장 하고 싶은 말은?"

1위	함께 놀아주세요	54.3%
2위	공부만 하라고 하지 마세요	20.5%
3위	용돈을 많이 주세요	18.6%
4위	기타	6.6%

2. 청소년들(남/여)에게 물었어요. "장래 희망하는 직업은?"

1위	교사	22.7%
2위	기업가(회사원)	13.5%
3위	공무원	10.2%
4위	아티스트(예술분야)	10%
5위	언론, 방송인	8.6%
6위	컴퓨터와 관계된 업종	5.4%
7위	변호사	3.9%
8위	의사	2.1%

3. 대학생들한테 물었어요. "한 달에 지출하는 술값은?"

① 1~5만원 ② 5~10만원 ③ 10~20만원 ④ 20만원 이상

1위	5~10만원	45%
2위	1~5만원	30%
3위	10~20만원 이상	12.2%
4위	20만원 이상	8.4%

4. 20~30대 결혼한 여자에게 물었어요. "결혼 전 남편이 한 거짓말은?"

1위	결혼하면 내가 다 할 게	56%
2위	세상에서 당신이 제일 예뻐	25%
3위	나 여자랑 손 한 번 못 잡아 봤어	19%

5. 30~40대 사람들에게 물었어요. "로또 같은 복권을 사고 싶을 때는?"

1위	경제 사정이 어려울 때(빚, 투자실패...)	31.4%
2위	좋은 꿈을 꾸었을 때	28.2%
3위	로또에 당첨되어 많은 돈을 받는다는 기사를 봤을 때	20.7%
4위	회사를 그만두고 싶을 때	9.2%

6. 60대 노인들께 물었어요. "노인들이 겪는 가장 큰 어려움은?"

1위	경제적 어려움(돈이 없어서)	47%
2위	건강	14%
3위	외로움	12%
4위	취미나 일이 없는 것	8.1%

11 사건과 판단

이럴 땐 어떻게 판단해야 할까요?

학습 목표 상황이나 사건에 대한 자신의 판단을 논리적으로 말할 수 있다.

■ 같이 이야기해 봅시다.

- 다른 사람에게서 어떤 일에 대해 판단해 달라고 부탁받은 일이 있나요?
- 옳고 그름을 판단할 때 어떤 점을 중요하게 생각하세요?
- 판단하기 곤란한 일은 어떻게 해결하세요?

어휘				
	판단하다	정당하다	죄를 짓다	벌을 받다
	환불	부당해고	성희롱	허위기재
	사례하다	주장하다		

연습 1 다음 경우에 대해 어떻게 판단하시겠어요? 왜 그렇게 생각하는지 말해 보세요.

1	다음 중 어느 손님의 주장이 맞을까요? ① 가장 싼 집이라는 광고를 믿고 물건을 구매했는데 다른 곳에서 더 싼 물건을 발견하여 환불을 요구하는 경우 ② '맛 없으면 공짜'라는 음식점에서 맛이 없어 계산을 하지 않는 경우
2	다음 중에서 죄가 있는 사람은? ① 볼일이 급해서 여자화장실에 들어간 남자 ② 버스정류장에서 새치기를 한 아줌마
3	다음 중 정당하게 직원을 해고할 수 있는 경우는? ① 갑자기 살이 찐 여자 바텐더 ② 수줍음이 많아 실적이 저조한 자동차 영업사원 ③ 머리 숱이 너무 없는 두피 관리사
4	다음 중 성희롱 죄가 아닌 것은? ① 항상 여직원 가슴을 쳐다보는 부장 ② 다른 여직원에게 들리게 성적인 농담을 주고받는 여직원과 남자 부장 ③ 남자직원의 엉덩이를 툭툭 치는 여자 부장
5	물건 구매 시 같은 물건을 바로 내일부터 할인판매할 거란 사실을 고객에게 알리지 않았을 경우, 상점 측으로부터 차액을 환불받을 수 있을까?

▶ 판결

1) ① : 광고문구의 조건이 이루어졌으므로 환불해 줘야 한다. 그러나 음식 맛은 주관적인 것이기 때문에 조건이 이루어졌다고 볼 수 없다.

2) ② : 새치기는 질서를 어지럽힌 행위이므로 죄가 된다.

3) ② : 자기의 노력으로 극복할 수 있는 문제이므로 사원의 노력이 부족했다고 생각할 수 있다. 나머지는 어쩔 수 없는 신체적인 문제로 볼 수 있다.

4) ② : 여직원도 같이 농담을 했으므로 다른 여직원으로 하여금 성적으로 수치심을 느끼게 할 의도는 없었다고 본다.

5) 환불 받을 수 없다.

연습 2 다음의 사건을 읽고 어떤 판단을 내려야 할지 말해 보세요. 그리고 재판결과와 자신의 판단을 비교해 보세요.

사건 1

복권에 운명을 맡기고 사는 남자. 어느 날 꿈에 할아버지가 나타나 번호를 말해줬는데, 복권을 사러 갈 시간이 없었던 남자는 동료에게 그 번호를 적은 종이를 주며 복권을 사다 달라고 부탁했다. 하지만 동료는 종이를 잃어버렸고 아무 번호나 적어 복권을 사다줬다. 그런데 그 복권이 1등에 당첨되었고 당첨금은 무려 백억 원이었다. 동료는 자신이 적은 번호가 당첨되었으니 자신에게도 당첨금을 줘야 한다고 말하는데, 1등 당첨 복권의 번호를 적어준 사람에게도 당첨금에 대한 권리가 있을까?

권리가 있다	권리가 없다

사건 2

'20년 전통! 정성으로 빚은 떡갈비 주먹밥'을 1,000원에 팔고 있는 할머니. 그런데 할머니는 어느 날 자신의 주먹밥 2개와 샐러드로 장식된 도시락이 다른 가게에서 5,000원에 팔리고 있는 것을 발견한다. 알고 보니 매일 아침 할머니에게 주먹밥을 사 가는 남자가 이를 재가공해 '정성으로 빚은 떡갈비 주먹밥 도시락'이라는 이름으로 자신의 가게에서 판매하고 있었던 것이었다. 이렇게 다른 곳에서 파는 인기있는 음식을 구입하여 재포장한 후, 원래 선전문구 그대로 판매한 업주는 죄가 있을까?

죄가 있다	죄가 없다

사건 3

미국의 명문대 MBA과정까지 마친 남자. 유학 생활을 마치고 돌아와 일자리를 구하는데 처음의 생각과 달리 취업이 잘 되지 않는다. 경기가 어려워 월급을 많이 줘야하는 직원은 회사들이 아예 채용하지 않는 것이다. 이 때문에 취업 실패가 계속되자 남자는 고졸자를 채용한다는 어느 회사의 구인 광고를 보고 이력서에 학력을 낮춰 기재하고 취업에 성공한다. 그러던 어느 날 회사를 방문한 대학교 선배 때문에 남자의 학력이 밝혀지고 회사 사장은 남자에게 회사를 그만둘 것을 요구한다. 남자는 학력을 높여서 쓴 것도 아니고 업무에 지장을 주는 것도 아니라고 말한다. 이렇게 고학력자가 학력을 낮춰 취업한 경우, 사장은 그 남자를 해고할 수 있을까?

해고할 수 있다	해고할 수 없다

▶ 재판결과

사건 1) 권리가 없다. 그러나 번호를 적어 준 사람에 대한 사례로 얼마간의 상금을 나누어 주는 것이 도리라고 본다.

사건 2) 죄가 없다. 상품권을 등록하지 않은 경우에는 그 상품을 가공하여 더 잘 팔리게 하는 것은 죄가 아니다. 비싸더라도 소비자들이 선택했다면 시장의 원칙에 따른 결과이므로 어쩔 수 없는 일이다.

사건 3) 해고할 수 있다. 최종학력을 써야 하는 곳에 거짓으로 학력을 기재했으므로 신뢰할 수 없는 행위를 했다고 본다.

연습 3 다음의 경우에 여러분은 어떻게 하시겠어요?

여러분에게 혹은 여러분 주위에서 일어났던 일 중에서 어떻게 해야 할지 판단하기 어려웠던 일이 있으면 이야기해 봅시다.

결혼을 약속한 남녀. 그 후 남자는 여자에게 비싼 선물을 하기 시작했고, 여자를 위해서라면 아깝지 않았다. 그러던 어느 날, 다른 사람을 만나게 된 여자는 남자에게 결혼은 없었던 일로 하자고 말한다. 이에 분노한 남자는 여자에게 그동안 준 선물을 돈으로 돌려 달라고 말했다. 그러자 여자는 사랑해서 조건없이 준 것 아니냐고 맞선다.	내가 남자라면 이런 경우에 ________________

돈을 물 쓰듯 쓰는 시어머니와 늘 부딪치는 며느리. 시어머니는 한 때 부족함없이 살다 회사가 부도난 후 어려워진 것이라서 씀씀이를 고치기 힘들었던 것. 이에 며느리는 남편에게 형편이 달라졌으니 시어머니를 설득시키라고 말했지만, 남편은 어머니를 설득시키지 못하고 오히려 신용카드까지 만들어줬다. 계속 돈을 펑펑 쓰고 다니던 시어머니는 어느 날 천만 원을 넘게 들여 성형수술까지 하게 됐고 며느리는 기가 막힌다.	내가 며느리라면 이런 경우에 ________________

12 날씨

겨울이 없어진대요

학습 목표 한국과 자기나라의 날씨의 특징과 변화에 대해서 말할 수 있다.

■ 같이 이야기해 봅시다.

- 어떤 날씨를 좋아하세요?
- 여러분 나라의 날씨는 어떤 특징이 있나요?
- 미래의 날씨에는 어떤 변화가 있을까요?

어휘				
	기후	꽃샘추위	황사	삼한사온
	열대야	폭설	포근하다	쌀쌀하다
	습하다	쾌적하다	체감온도	

연습 1 한국에는 4계절이 있습니다. 계절마다 어떤 특징이 있는지 이야기해 보고 여러분 나라와 비교해 보세요.

봄 ➔

한국	자기 나라
• 꽃샘추위가 있다. • 중국에서 황사가 온다. • •	

여름 ➔

한국	자기 나라
• 장마가 온다 • 열대야로 잠을 못 이룬다. • •	

가을 ➔

한국	자기 나라
• 맑은 날이 계속된다. • 태풍이 2~3개 온다. • •	

겨울 ➔

한국	자기 나라
• 삼한사온이 있다. • 가끔 폭설이 온다. • •	

연습 2 다음은 지난 100년간 서울의 평균 기온의 변화에 대한 그래프와 기사입니다. 어떤 변화가 있는지 기사를 읽고 요약해 봅시다.

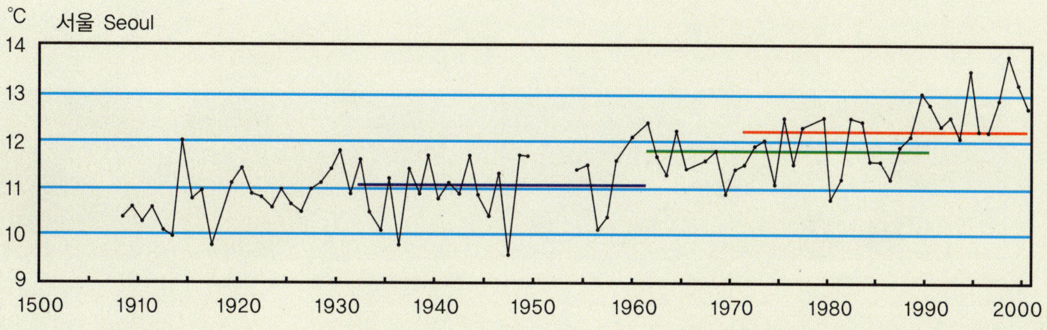

서울의 연평균 기온은 지난 100년간 지속적으로 오르고 있다. 이런 추세라면 2100년 서울의 연평균 기온은 현재 섭씨 12.8도에서 18.8도로, 부산은 14.9도에서 20.2도로 평균 6.5도 상승하게 된다. 따라서 2100년이면 서울은 겨울이 사라질 것이다. 이것은 지구온난화가 지금처럼 계속될 때 일어날 수 있는 상황이다. 이처럼 기온이 상승되면 한반도의 날씨에는 어떤 변화가 일어날까? 기온이 상승돼 증가한 수증기가 폭설이나 폭우, 태풍의 형태로 지상에 내려오는 등 급격한 기상이변이 속출할 것이다. 또한 남한 전체 면적의 14%가 나무가 살 수 없는 지역으로 변하게 될 것으로 보인다.

그렇다면 지구 온난화의 원인은 무엇일까? 그것은 자연적 요인보다 인위적 요인, 즉 산업이 발달함에 따라 방출되는 이산화탄소 때문이다. 또한 수증기, 메탄, 이산화질소, 프레온가스도 여기에 해당된다. 특히 이산화탄소와 이산화질소는 연료를 태울 때 나오므로 새로운 연료가 개발되지 않는 한 계속 배출될 것이며 쓰레기를 태울 때 나오는 메탄의 증가도 인류가 살아가는 동안 끊임없이 배출될 것이다.

한반도뿐 아니라 전 세계의 미래를 위협하는 지구온난화를 늦출 방안이 시급히 요구된다.

■ 새 단어 : 연평균　지구온난화　이산화탄소　배출　인위적

1) 2100년 서울의 날씨가 어떨지 말해 봅시다.

2) 기온이 상승하면 어떤 변화가 생길지 말해 보세요.

3) 다음은 지구온난화로 인해 생기는 세계 각지의 현상들입니다. 그림을 보면서 어떤 현상들이 일어나고 있는지 설명해 보세요.

①

②

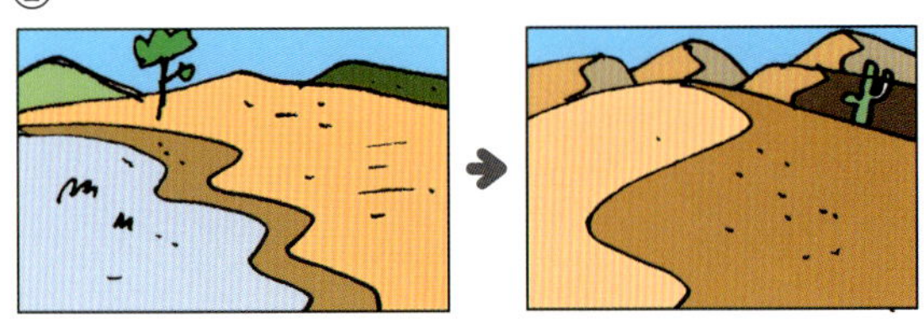

③

④

연습 3 지구온난화로 인한 피해와 위험을 막을 수 있는 대책에 대해서 말해 봅시다.
여러분 나라에서는 어떠한 대책을 세우고 있습니까? 또 여러분이 할 수 있는 일은 무엇이 있을까요?

〈지구온난화를 늦추기 위한 대책〉

정부차원의 노력	
개인의 노력	

13 환경

환경을 생각해야죠

학습 목표 환경의 중요성에 대해 다른 사람에게 주장할 수 있다.

■ 같이 이야기해 봅시다.

- 여러분 주위에서 일어나고 있는 환경오염의 예를 같이 이야기해 봅시다.
- 환경오염의 주원인이 뭐라고 생각하세요?
- 여러분은 환경오염을 줄이기 위해서 어떤 노력을 하고 있습니까?

어휘				
	환경오염	수질오염	교통난	매연
	소음	폐수	훼손	위화감
	개발업자	환경단체		

연습 1 여러분 집 근처에 세계적인 유원지 디즈니랜드가 건설 된다고 합니다. 건설로 인한 이익과 손해에 대해서 이야기해 봅시다.

1 건설 조건

- 유원지 건설을 위해 주변의 산을 깎아서 평평한 땅을 마련해야 한다.
- 산속에 있던 500년의 역사를 지닌 절의 일부가 개발지역에 포함되므로 절을 다른 곳으로 옮겨야 한다.
- 유원지 안에는 놀이시설뿐만 아니라 식당가, 쇼핑가, 관광객을 위한 대규모의 호텔 등도 함께 건설된다.

2 유원지 건설로 인한 이익과 손해에 대해서 이야기해 봅시다.

유원지 건설로 인한 이익	유원지 건설로 인한 피해
• 세계적인 유원지가 생기면 이 지역은 세계적으로 유명해질 수 있다.	• 교통난이 예상된다.
• 관광객이 쓰는 돈과 세금수입으로 지역 경제에 도움이 된다.	• 호텔 및 여러 시설에서 나오는 폐수, 쓰레기 문제가 심각해진다.
•	•
•	•
•	•
•	•
•	•

연습 2 유원지 개발에 대해서 다음 중 한 사람의 입장이 되어 다른 의견을 가진 사람을 설득해 보세요. 여러분은 누구의 입장에서 이야기하겠습니까?

지역 주민
(회사원)

디즈니랜드 직원

환경단체회원

시장

스님

지역주민
(아파트 주민)

〈반대의견〉

스　님 : 유원지 개발은 안 됩니다. 그 이유는 ______________________

____

회사원 : 저는 유원지 개발에 반대합니다. 그 이유는 ______________________

____

환경단체회원 : 유원지 개발을 절대로 허가해서는 안 됩니다. 그 이유는 ______________________

____

〈찬성의견〉

개발업자 : 저는 유원지 개발에 찬성합니다. 그 이유는 ______________________

____

시　장 : 유원지 개발은 꼭 필요합니다. 그 이유는 ______________________

____

아파트 주민 : 유원지 개발은 필요합니다. 그 이유는 ______________________

____

〈최종생각〉

• 다른 사람의 이야기를 듣고 여러분의 생각에 바뀐 것이 있나요? 최종적인 자기 생각을 정리해서 말해 봅시다.

나는 유원지 개발에 (찬성한다. / 반대한다.)

왜냐하면 ______________________

____

____

연습 3 여러분 고향이나 나라에서도 환경문제로 인해 생긴 문제가 있었나요? 그 때 어떻게 해결했나요?

서울 서초구 사례

우면산은 서초구 주민들이 산책로와 약수터로 애용해 온 도시생활에서의 '숨구멍'이다. 땅 주인들은 비싼 땅값의 이 곳에 아파트를 짓고 싶어 했다. 그러나 주민들은 우면산 개발만은 막아야 한다며 3년간 모금운동을 벌여왔다. 노인 교통수당을 모아 100만원을 내놓은 할머니도 있었고, 반상회에서 돈을 모금한 아파트단지도 있다. 학생들은 학교에서 바자회를, 음악하는 사람들은 지역음악회를 열었다. 이렇게 1만 8152명이 참여해서 모은 돈으로 서초구 주민들은 우면산의 땅을 살 수 있었다. 결국 '우면산구하기 운동'은 성공했고 주민들은 깨끗한 공기와 맑은 물을 계속 마실 수 있게 되었다.

'지구의 날'을 알고 계세요?

지구의 날은 1969년 미국 캘리포니아의 바다 위에서 기름이 유출된 사고가 계기가 되어 1970년 4월 22일 미국 하버드대학교 학생 데니스 헤이즈가 나서서 대규모의 자연보호 캠페인을 기획하면서 시작되었다. 이 날 미국 내 2000만 명의 자연보호론자들이 모여 최초의 캠페인을 개최했고 이를 기념하기 위해 4월 22일을 지구의 날로 정하고 전 미국의 자연보호주의자들은 미국 전역에서 자연 보호와 관리, 환경오염과 생태계 파괴 등에 대해 경각심을 높이기 위한 다양한 행사를 벌이고 있다. 현재 세계적으로 한국을 포함한 세계 184개국 약 5만여 개의 단체가 참여하고 있으며 매년 지구의 날에는 각국의 환경 상황에 맞게 자유롭게 지구를 위한 행사를 진행하고 있다. 한국에서는 1990년 지구의 날을 기념하는 첫 행사를 남산에서 개최한 후 매년 민간단체들이 기념행사를 해 오고 있다.

14 면접

제 능력을 발휘해 보고 싶어요

학습 목표 면접 상황을 통해 실전에 대비할 수 있다.

■ 같이 이야기해 봅시다.

- 어떤 회사에 취직하고 싶어요?
- 회사에 취직하기 위해서 면접시험을 본 일이 있어요?
- 면접시험을 볼 때 어떤 점이 중요한 것 같아요?

어휘				
	면접	지원하다	승무원	사무직
	보수	장래성	적성	발휘하다
	조기 퇴직	정년	승진하다	

연습 1 다음은 여러분이 지원할 수 있는 회사들입니다.

항공회사(승무원)

보 수: 높은 편

근무조건: 휴일에도 일해야 하는 경우가 많고 근무시간이 불규칙적임.

장 래 성: 승진이 어렵고 나이가 들면 육체적으로 힘들어짐.

무역회사(사무직)

보 수: 일반회사와 비슷한 정도

근무조건: 야간에도 근무해야 할 때가 있음.
외국출장이 자주 있음.

장 래 성: 실력에 따라서 승진 기회 있음. 그러나 조기퇴직하는 경우가 많음.

은행(행원)

보 수: 처음에는 일반회사보다 적지만 점점 올라 감.

근무조건: 주 5일 근무
출퇴근 시간이 일정함. 적성을 발휘할 기회는 없음.

장 래 성: 승진의 기회가 별로 없지만 정년까지 일할 수 있음.

옆 사람에게 다음의 질문을 해 봅시다.

1) 어느 회사에 가고 싶습니까?
2) 왜 그 회사에 가고 싶습니까?
3) 다른 회사에 비해서 어떤 점이 마음에 듭니까?

연습 2 면접관 팀과 지원자 팀으로 나누어 면접을 해 봅시다.

1) 면접관 역할을 맡은 사람들은 지원자들에게 할 질문을 아래의 〈실전질문 예〉를 참고하여 만들어 보세요. 더 필요한 질문은 직접 만들어 보세요.

〈면접질문〉

①
②
③
④
⑤

〈실전질문 예〉

① 1분 동안 자기소개를 해 보십시오.

② 자신의 장점과 단점을 간단하게 말해 보십시오.

③ 한국에 온 이유와 한국에서 하고 싶은 것에 대해서 말해 보십시오.

④ 어린 시절에 대해서 말해 보십시오.

⑤ 학창시절에 대해서 말해 보십시오.

⑥ 우리 회사를 지원한 이유를 말해 보십시오.

⑦ 원치 않는 업무를 맡게 된다면 어떻게 하시겠습니까?

⑧ 오늘 아침 신문의 헤드라인 기사는 무엇인지 말해 보십시오.

⑨ 존경하는 사람이 누구이고 그 사람에게 무엇을 배우고 싶습니까?

⑩ 앞으로의 계획에 대해서 말해 보십시오.

2) 지원자를 맡은 사람은 예상 질문을 생각해 보세요. 〈실전질문 예〉를 보면서 대답을 준비하고 그 이외의 예상 질문도 생각해 보세요.

3) 면접관 팀은 각 지원자에게 준비한 질문을 하고 다음의 채점표에 점수를 매겨 보세요. 여러분이 더 평가하고 싶은 항목을 빈칸에 쓰고 점수를 정해 보세요.

항목 \ 이름			
태도 (10점)			
대답의 적절성 (10점)			
대답의 독창성 (10점)			
총점(　　　점)			

4) 면접관 팀은 가장 대답을 잘 한 지원자를 뽑고 왜 그 사람을 뽑았는지 이야기해 보세요.

5) 면접 시 어떤 점을 주의해야 하는지 다같이 이야기해 보세요.

연습 3 아르바이트 일자리를 구하려고 합니다. 한 사람은 고용주, 한 사람은 아르바이트생이 되어 대화를 해 보세요. 주어진 질문을 해 보고 필요한 질문은 더 만들어서 해 보세요.

상황 1 | 지원자가 고용주에게

다음 일자리들을 보고 마음에 드는 곳에 전화를 해서 궁금한 것을 물어 보세요.

1	제가 무슨 일을 하게 되나요?
2	하루에 몇 시간 일하나요? / 주당 근무시간은 얼마나 되나요?
3	한 시간에 얼마를 받을 수 있나요? / 한 시간 수업료를 얼마로 하면 적당할까요?
4	제가 원하는 대로 근무 시간을 정할 수 있나요?
5	식사는 제공해 주시나요?
6	유니폼을 입어야 하나요?
7	휴식 시간도 있나요? / 휴식 시간은 얼마나 되나요?
8	
9	
10	

상황 2 | 고용주가 지원자에게

자신의 가게에 면접을 보러 온 학생에게 다음의 질문을 해 보세요.

1	전에 아르바이트를 해 본 경험이 있어요?
2	어떤 아르바이트를 해 봤어요?
3	성격이 어떤 편이에요?
4	언제부터 일할 수 있어요? / 언제까지 일할 수 있어요?
5	자신의 성격이 이 일과 맞다고 생각해요?
6	손님에게 실수를 했다면 어떻게 하겠어요?
7	밤에도 일할 수 있어요? /주말에도 일할 수 있어요?
8	
9	
10	

15 직장 생활

어떤 직장을 원해요?

학습 목표 직장 생활에 대한 다양한 의견을 말할 수 있다.

■ 같이 이야기해 봅시다.

- 직장을 선택할 때 제일 중요한 것이 뭐예요?
- 직장에서 인정받으려면 어떻게 해야 할까요?
- 요즘 사람들이 가장 희망하는 직업이 뭘까요?

어휘				
	직장	동료	상사	연봉
	야근	이직	전망	업무량
	업무 태도	선호도		

연습 1 옆 사람에게 질문해 봅시다.

취직을 원하는 사람한테	무슨 일을 하고 싶어요? 왜 그 일을 하고 싶어요? 그 일을 하기 위해 어떤 준비를 하고 있어요?
취직을 한 사람한테	지금 하고 있는 일은 어떤 일이에요? 그 일이 적성에 맞아요? 지금 하는 일은 전망이 밝은 편이에요?
직장을 바꾸고 싶어하는 사람한테	어떤 회사로 옮기고 싶어요? 그 이유는요? 직장을 옮기려는 시도를 해 봤어요?

연습 2 다음은 직장인들을 인터뷰한 것이에요. 글을 읽고 이야기해 봅시다.

1) 어떤 직장을 원해요?

김성원 : 저는 무엇보다도 적성에 맞는 일을 할 수 있는 곳이 제일 중요하다고 봅니다. 적성에 맞지 않으면 일을 하는 즐거움도 느낄 수 없고 결국 다른 곳으로 옮길 수 밖에 없을 겁니다.

윤지원 : 직장은 하루의 대부분을 보내는 곳입니다. 다른 무엇보다도 동료와 선후배 사이에 믿음과 정이 있어야 한다고 생각합니다. 그런 분위기라면 일도 더 잘 되지 않겠습니까?

박성수 : 그러나 역시 연봉을 무시할 수 없지요. 열심히 일한 만큼 거기에 맞는 보수가 중요하다고 봅니다. 그렇지 않다면 일을 열심히 안 하거나 다른 곳으로 떠날 수도 있습니다.

● 여러분은 누구의 말에 동의하세요?

2) 윗사람에게 인정받으려면 어떻게 해야 할까요?

김성원 :	무슨 일이든지 적극적으로 하는 자세가 중요하다고 생각합니다. 그래야 윗사람들도 믿고 일을 맡길 게 아닙니까?
윤지원 :	요즘은 능력보다도 의사소통 능력(커뮤니케이션 능력)이 더 중요한 시대입니다. 이것은 자신을 표현하는 수단이며 일을 하는 데 가장 중요한 것입니다.
박성수 :	이제 21세기로 들어섰습니다. 그런 것으로는 앞서갈 수 없습니다. 무엇보다도 톡톡 튀는 아이디어와 창의적인 사고가 절실히 요구되는 시대입니다.

● 여러분은 윗사람에게 인정받으려면 어떻게 해야 한다고 생각하세요?

3) 직장생활을 하고 있는 내가 지금 고쳐야 할 가장 중요한 문제는?

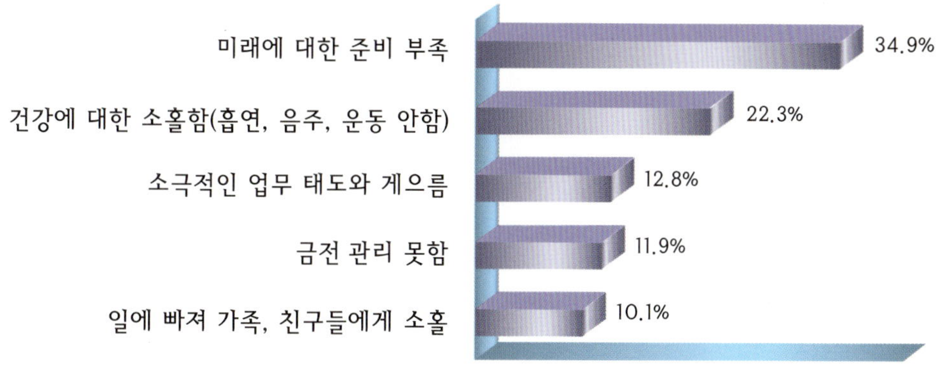

직장인 1,308명 조사

● 여러분은 지금 자신이 고쳐야 할 가장 큰 문제가 뭐라고 생각하세요?

	고쳐야 할 가장 큰 문제
학교생활	
직장 생활	
한국 생활	

4) 직장을 바꾸려는 사람들에게 물어 봤습니다. 직장을 바꾸려는 가장 큰 이유는?

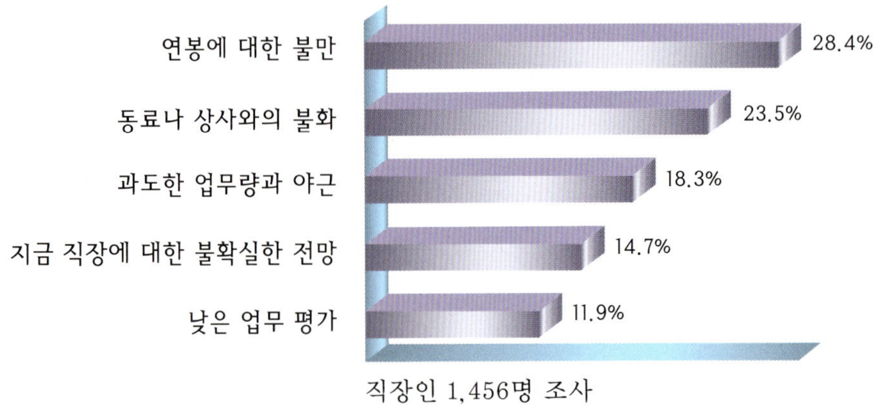

● 여러분은 직장을 바꾸는 것에 대해서 어떻게 생각하세요?

● 만약 직장을 옮긴다면 어떤 이유때문일까요?

연습 3 다음은 시대별(1970년대/2000년대) 직업 선호도를 조사한 것입니다.

1) 어떻게 다른지, 왜 다른지 비교해서 말해 봅시다.

	시기	1위	2위	3위	4위
남성직업	1970년대	대기업 사원 (33%)	법조계 (16.1%)	금융계 (12.5%)	공무원 (10.5%)
	2000년대	인터넷, 정보통신 관련직 (38.7%)	공무원 (24.3%)	금융계 (14.3%)	의사 (9%)
여성직업	1970년대	교사 (39.4%)	은행원 (15.6%)	가정 주부 (15.2%)	회사원 (7.6%)
	2000년대	교사 (29.7%)	인터넷, 정보통신 관련직 (28.7%)	디자인 관련직 (11%)	공무원 (7.3%)

2) 여러분 나라에서는 직업 선호도가 어떻게 바뀌었어요? 그리고 그 이유는요?

	예전에 인기 있었던 직업	현재 인기 있는 직업
1위		
2위		
이유		

16 인터뷰

무슨 일이 있었나요?

학습 목표 인터뷰를 통해 얻은 정보로 기사를 작성, 발표할 수 있다.

■ 같이 이야기해 봅시다.

- 인터뷰를 해 보고 싶은 사람이 있어요?
- 그 사람에게 무슨 질문을 해 보고 싶어요?
- 최근에 흥미있게 본 인터뷰 기사가 있으면 말해 보세요.

어휘				
	목격	충돌	신속하다	보수공사
	침입하다	도난 당하다	수석합격	완주하다
	기부하다	작성하다		

연습 1 옆 사람을 인터뷰해서 다음에 대한 정보를 알아내 보세요. 옆 사람에게서 더 알고 싶은 것을 표에 쓰고 인터뷰해 보세요. 대답을 정리해서 발표해 봅시다.

질문 \ 이름		
요즘 있었던 일 중에서 가장 재미있었던 일 (언제, 누가, 무슨 일)		
요즘 있었던 일 중에서 가장 놀라웠던 일 (언제, 누가, 무슨 일)		
최근에 만난 사람들 중에서 가장 기억에 남는 사람(누구, 어디서, 왜 기억에 남는지)		
추천해 주고 싶은 영화나 책 (어떤 내용, 왜)		

연습 2 다음은 각 인물들의 경험에 대한 정보입니다. 두 사람씩 짝을 지어 한 사람은 사건 인물이, 한 사람은 기자가 되어 인터뷰를 해 보세요.

이름(직업, 나이)	상황
 **김민수** (남, 고등학생, 17세)	2월 15일 밤 11시경 신촌로터리에서 버스와 흰색 승용차가 부딪치는 순간을 목격함. 버스가 빨간 불로 바뀌었는데도 좌회전을 하다가 직진하는 승용차와 충돌. 인명피해에 대해선 모름.
 **송선미** (여, 주부, 45세)	지은 지 6개월밖에 안 된 아파트에 사는 주부. 아파트 벽지가 떨어져 나가고 윗집, 옆집의 소음이 그대로 들림. 또한 장마철이 지나고 나서 베란다 페인트가 벗겨지고 물이 샘. 신속한 보수공사를 원함.
 **최현철** (남, 회사원, 38세)	12월 28일 오후 9시경 직원들이 퇴근한 사무실에서 근무를 하다가 화재 발견. 화장실에 다녀오던 중 전기실에서 나오는 연기를 보고 119에 신고를 함. 소화기로 불을 끄려고 했으나 못 끔. 500여만 원의 피해를 입음. 소방차는 30분 후에 도착.
 **이영아** (여, 영화배우, 32세)	10월 18일에 열린 스페인 영화제 여우주연상 수상. 작품명은 "친절한 영자 씨". 한국영화로는 2번째 해외영화제 여우주연상 수상. 여우주연상과 함께 인기상도 수상. 생각지도 못한 상을 받아서 더욱 기쁨. 이 영화는 현재 스페인의 극장에서 상영 중인데 관객이 많음.
 **정영진** (남, 자영업자, 53세)	8월 23일 부산에 불어 닥친 태풍 피해자. 심한 비바람으로 아파트 창문이 깨지고 거실 안으로 깨진 유리 파편이 들어옴. 당시 가족들은 방안에 있어서 인명피해는 없었음.

이름(직업, 나이)	상황
 **박지석** (남, 회사원, 28세)	회사원. 아침 7시경 회사에 출근해 보니 사무실에 있던 컴퓨터와 서류 등이 없어짐. 컴퓨터 파일에는 새로 개발 중인 신기술에 대한 자료가 들어 있었음. 사무실 문이 열려 있었으나 범인의 흔적은 발견할 수 없음.
 **김휘성** (남, 가수, 26세)	1년 만에 새로운 앨범을 내고 활동을 다시 시작. 이번 앨범은 발라드 위주로 만들었음. 다음 달에는 유명 배우들이 출연한 뮤직비디오도 나올 예정임. 12월 25일 크리스마스날에 커플들을 위한 "사랑의 콘서트"를 열 계획.
 **유연경** (여, 고등학생,17세)	서울대 수석합격. 영어, 수학 학원에만 다녔고 나머지 시간은 집에서 공부. 하루 6시간은 꼬박꼬박 잤으며 수업 시간에는 졸지 않고 충실히 공부했음. 생명공학과 지망. 앞으로 계속 공부하여 세계적인 과학자가 되는 게 꿈.
 **이병주** (남, 마라톤선수, 31세)	춘천 마라톤대회에서 2시간 8분 56초로 대회 신기록 세움. 마라톤을 한 지 5년 됨. 이번 대회의 최대 고비는 20km를 지날 때였음. 강한 정신력으로 끝까지 완주한 것이 무엇보다도 기쁨. 평소에 꾸준히 달리기 연습을 할 뿐만 아니라 요가와 명상으로 정신력도 키우고 있음.
 **이점례** (여, 김밥장수, 68세)	연세대학교 앞에서 김밥을 팔아 평생 모은 1억 원을 연세대학교에 기부. 학생들에게 김밥을 팔아 번 돈이므로 다시 학생들에게 돌려주고 싶어서 이러한 결심을 함. 그동안 안 쓰고 아껴서 모은 돈이니만큼 좋은 일에 쓰이길 바라고 있음. 연세대학교는 이 돈을 학생들을 위한 도서 구입비로 쓰기로 함.

● 기자 역할을 맡은 사람은 해당되는 인물에게 다음의 질문을 하세요. 필요한 질문이 있으면 더 하세요.

김민수 | (교통사고 목격자)

1. 사건이 일어난 것은 몇 월, 며칠, 몇 시였습니까?
2. 어떻게 하다가 사고가 났습니까?
3. 다치거나 죽은 사람이 있나요?

송선미 | (부실공사 아파트 입주자)

1. 지은 지 얼마나 된 아파트인가요?
2. 아파트에 무슨 문제가 있는 겁니까?
3. 어떻게 해 주길 원하십니까?

최현철 | (화재 발견자)

1. 화재를 처음 발견한 것은 언제였습니까?
2. 어떻게 화재가 난 것을 알게 되었습니까?
3. 화재를 처음 발견하고 어떻게 했습니까?
4. 피해는 어느 정도입니까?

이영아 | (국제 영화제에서 수상한 여배우)

1. 이번에 무슨 상을 수상한 건가요?
2. 수상할 것을 예상했나요?
3. 이 영화가 지금 스페인에서 상영되고 있나요?

정영진 | (태풍 피해자)

1. 태풍의 피해를 입은 것이 언제였나요?
2. 이번 태풍으로 어떤 피해를 입었습니까?
3. 인명피해는 없었습니까?

박지석 | (도난 피해자)

1. 언제 도난당한 사실을 알았습니까?
2. 도난당한 물건은 무엇입니까?
3. 발견 당시 사무실의 상태는 어땠습니까?
4. 범인으로 생각되는 사람이 있습니까?

김휘성 | (신곡 발표한 가수)

1. 몇 년 만에 새 앨범을 발표하는 겁니까?
2. 이번 앨범의 특징은 무엇입니까?
3. 앞으로의 활동계획에 대해서 말씀해 주십시오.

유연경 | (서울대 수석합격자)

1. 어떻게 공부를 했습니까?
2. 학원은 몇 개를 다녔나요?
3. 앞으로 어떤 공부를 하고 싶습니까?
4. 장래의 꿈은 무엇입니까?

이병주 | (마라톤 우승자)

1. 이번에 대회 신기록을 기록하셨는데 기록이 어떻게 되나요?
2. 마라톤을 한 지 얼마나 됐습니까?
3. 이번 대회에서 제일 힘들었을 때는 언제였고 어떻게 이겨냈나요?
4. 평소에 어떻게 훈련을 하고 있습니까?

이점례 | (1억원을 기부한 김밥장수)

1. 이렇게 큰 돈을 왜 연세대학교에 기부하기로 결심하셨습니까?
2. 김밥을 팔아서 어떻게 이렇게 많은 돈을 모을 수 있었습니까?
3. 이 돈이 어떻게 쓰이길 바라십니까?
4. 학교에서는 이 돈을 어떻게 쓰겠다고 합니까?

연습 3 인터뷰에서 얻은 정보를 이용해 기사를 작성해 발표해 봅시다.

1) 기사 작성 시 다음 사항을 고려하여 작성하세요.

보기

① 언제 ② 어디서 ③ 누가 ④ 무슨 일이 발생했나 ⑤ 왜 발생했나

2) 기사를 작성한 후 이 사건에 대해서 어떻게 생각하는지 자신의 생각을 덧붙여 보세요.

3) 준비한 것을 발표해 보세요.

예제

2월 15일 밤 11시경 신촌로터리에서 좌회전을 하던 버스와 직진하던 승용차가 충돌하는 사고가 발생했습니다. 목격자 김민수 씨에 의하면 버스가 신호가 빨간 불로 바뀌었는데도 좌회전을 하다가 직진하는 승용차와 부딪혔다고 합니다. 인명피해에 대해선 아직 밝혀지지 않았습니다. 신촌로터리는 평소에도 교통량이 많아서 교통사고의 위험이 많은 지역인데 이렇게 신호를 무시하는 운전자로 인해 더욱 교통상황이 어려워지고 있습니다. 규칙을 지키고 안전운전하는 운전자의 의식이 필요하다고 생각합니다.

17 뉴스

뉴스를 시작하겠습니다

학습 목표 기사를 요약해 말할 수 있다.

■ 같이 이야기해 봅시다.

- 날마다 뉴스를 보세요?
- 관심 있게 보는 뉴스는 어떤 거예요?
- 요즘 제일 큰 뉴스거리가 뭔지 아세요?

어휘				
	취재하다	보도하다	인명 피해	재산 피해
	통제하다	추정하다	집계되다	증가하다
	지적하다	반박하다		

연습 1 다음 기사들을 간단히 요약해 봅시다.

1. 종로 지하상가 불...1호선 운행 중단

오늘밤 8시 20분 지하철 1호선 종로역 지하상가에서 불이 났다. 급히 대피해서 인명 피해는 없었다.
불이 나자 소방대원과 소방차 10대가 긴급 출동하여 불은 20분 만에 꺼졌다. 그러나 연기가 승강장까지 퍼져 출입구에서 사람들의 출입을 통제하고 8시 55분부터 전동차 운행도 금지되었다. 이 불은 지하철역 공사현장에 쌓아놓은 쓰레기더미에 행인이 던진 담뱃불이 붙으면서 일어난 것으로 경찰은 추정하고 있다.

2. 비빔밥 세계화

나물과 채소가 주재료로 다이어트, 건강식인 비빔밥이 최근 웰빙과 채식바람에 의해 외국인들에게도 많은 사랑을 받고 있다. 마이클 잭슨, 클린턴 전 미국 대통령도 즐겨 찾는 메뉴다.
비빔밥은 재료의 제한 없이 사람의 입맛과 취향에 따라 만들 수 있으며 최근에는 비빔밥 전문식당도 등장하였는데 패스트푸드처럼 먹기도 간편하고 영양도 우수하여 빈 자리가 없을 정도다. 이제 이 비빔밥을 김치, 불고기에 이은 세계적 음식으로 만들기 위해 노력해야 할 것이다.

3. 교통사고 원인 1위는 휴대전화 사용

연세병원 정형외과팀은 최근 교통사고로 병원을 찾은 환자 326명을 대상으로 사고원인을 조사한 결과 전체의 31%(101명)가 본인 또는 상대방이 운전 중 휴대 전화를 사용하다가 사고를 낸 것으로 나타났다고 밝혔다.
다른 원인으로는 과속(22%), 신호위반(17%), 음주운전(5%) 등이 있었다. 이상민 외과팀장은 "평소 운전 중에 휴대 전화 사용 위험성에 대해 크게 인식하지 않는 것이 문제"라고 밝혔다.

4. 직장인 재테크 1순위 정기적금

S경제 연구소가 직장인 545명을 대상으로 설문조사한 결과, 현재 재테크를 하는 직장인이 전체의 47%를 차지했다고 밝혔다. 또 재테크를 하지 않는 직장인 중에서도 98%가 앞으로 재테크를 하겠다고 해 재테크에 대한 관심이 매우 높음을 보여 줬다.
현재 하고 있는 재테크로는 42%가 정기 적금을 들었고 주식 투자(32%), 부동산(13%), 보험(8%) 순이었다.

5. 환절기 감기 비상 – 목감기 조심하세요!

서울의 한 종합병원에서는 최근 일주일 사이에 감기 환자가 30% 증가했는데 기침과 고열을 동반한 목감기 환자가 많다. 소아과 의사들은 요즘 일교차가 크기 때문에 감기에 많이 걸리는데 특히 날씨가 건조하기 때문에 목감기 형태로 나타난다고 한다. 감기에 걸렸을 때 어린이는 물을 많이 마시고 목욕은 미지근한 물로 간단하게 하는 것이 좋다고 한다.

6. 안동 국제탈춤 페스티벌

10월 1일부터 10일까지 안동에서 국제탈춤페스티벌이 열린다. 이번 축제에서는 국내외 전통탈춤과 공연, 민속놀이 마당 등 400여개 행사가 열리며 태국, 러시아, 대만 등 16개국의 전통탈춤과 민속춤도 구경할 수 있다. 안동국제탈춤페스티벌 전용 관광열차도 운영할 예정이므로 예약 후 이용할 수 있다. 근처에서 음식축제도 같이 열린다.

7. 대학축구 선수권 – Y대 A대 꺾고 우승

Y대가 전국대학축구선수권대회에서 우승컵을 품에 안았다. Y대는 15일 종합운동장에서 열린 A대와의 결승전에서 후반 42분 정형진의 헤딩 결승골로 1-0으로 승리했다.

이날 양 팀은 전반전을 0-0으로 마치고 후반전까지 조금도 양보 없는 경기를 펼쳤으나 결국 Y대가 우승하게 되었다. 당연히 이 대회 MVP는 정형진에게 돌아갔고 Y대는 작년에 이어 2년 연속 우승을 차지하게 되었다.

8. 날씨

전국에 이틀째 건조 주의보가 내려졌다.

오늘과 내일 전국이 맑을 것으로 예상된다. 내일 아침 기온은 철원이 -7도, 대전 -2도, 서울과 대구 0도로 오늘과 비슷하겠다.

낮 기온은 서울 9도, 전국이 8도~13도로 어제보다 조금 낮겠다.

휴일인 모레는 전국이 다시 흐려지면서 추위가 찾아올 것으로 보인다. 건조한 날씨 탓에 감기에 걸리지 않도록 조심해야 한다.

연습 2 앞에서 요약한 기사로 뉴스를 만들어 봅시다.

1) 먼저 역할(앵커, 기자들)을 정하세요.

2) 실제로 뉴스를 진행해 봅시다.

3) 기자들은 앞에서 요약한 기사를 보도해 봅시다.

9시 뉴스

앵커 : 여러분 안녕하십니까? 9시 뉴스를 시작하겠습니다. 첫 번째 뉴스입니다. 오늘 저녁 서울 종로 지하상가에서 불이 났습니다. ________________ 기자.

오늘밤 8시 20분 지하철 1호선 종로역 지하상가에서 불이 났지만 급히 대피해서 인명피해는 없었습니다. 그러나 연기 때문에 사람들의 출입과 전동차 운행이 잠시 금지되었습니다. 경찰은 화재 원인을 행인이 쓰레기 더미에 던진 담뱃불 때문으로 추정하고 있습니다. 이상 ________________ 기자였습니다.

앵커 : 얼마 전 한 항공사의 기내식으로 비빔밥이 인기라는 소식을 전해 드렸는데요, 이렇게 우리의 비빔밥이 세계인의 입맛을 사로잡는 이유를 알아 보았습니다. ________________ 기자입니다.

앵커 : 다음 뉴스입니다. 요즘 휴대 전화 안 가지고 계신 분 드물 겁니다. 언제 어디서나 편리하게 쓸 수 있는 이 휴대전화가 바로 교통사고의 가장 큰 원인이라고 합니다. ________________ 기자가 취재했습니다.

앵커 : 요즘 재테크에 관심 많으시죠? 여러분은 어떻게 재테크를 하십니까? ________________ 기자가 직장인들의 재테크에 대해 알아봤습니다.

앵커 : 요즘 아침과 저녁의 기온차가 아주 심합니다. 감기 걸리기 좋은 날씨인데요. ________________ 기자가 보도합니다.

앵커 : 이번 주말에 무엇을 하십니까? 안동에서 국제탈춤 페스티벌이 열린다고 합니다. ________________ 기자가 취재했습니다.

앵커 : 다음은 스포츠 뉴스입니다. 축구 소식입니다. ________________ 기자.

앵커 : 다음은 날씨입니다. ________________ 기상 캐스터 전해 주십시오.

앵커 : 이상으로 9시 뉴스를 마치겠습니다. 안녕히 계십시오.

연습 3 다음 뉴스를 듣고 '인간 수명 연장'에 대해서 이야기해 봅시다.

앵 커 : 여러분은 몇 살까지 살 수 있다고 생각하십니까? 최근 연구에 의하면 2030년에는 100살까지 사는 것이 가능하다고 하는데요. 그러나 인간의 생명을 연장시켜 오래 사는 것이 과연 잘 사는 길인지는 모르겠습니다. 김현수 특파원 나와 주세요.

김현수 특파원 : 대부분 선진국에 살고 있는 사람들의 수명이 2030년이면 100세에 이를 전망입니다. 최근 샌프란시스코의 한 교수가 평균 수명에 대한 최신 연구 결과를 발표했는데 노화 방지 기술과 암 같은 질병 치료법의 발달로 인해 평균 수명이 80세 이하에서 100세로 늘어날 것이라고 말했습니다. 그래서 각종 사회 프로그램들에 엄청난 비용 부담을 안겨 줄 거라고 지적했습니다. 한편 다른 몇몇 과학자들은 선진국 사람들이 비만 등으로 인해 기대만큼 오래 살지 못할 것이라고 반박했습니다. 앞으로도 이런 논란은 계속 될 것으로 보입니다. 이상 미국에서 김현수였습니다.

1) 인간의 수명이 늘어나는 이유는 무엇이라고 생각합니까?

2) 인간의 수명이 100세로 늘어나는 것에 대해 어떻게 생각하세요?

3) 여러분은 어떤 의견이 맞다고 생각하십니까? 맞는 것에 √표 하고 이유를 말해 보세요.

√	의견	이유
	수명이 100세 이상으로 늘 것이다	
	기대만큼 늘지 않을 것이다	

18 대통령 선거

누구를 뽑으시겠습니까?

학습 목표 모의 대통령 선거를 통해 서로의 의견을 교환하고 다수의 의사를 결정할 수 있다.

■ 같이 이야기해 봅시다.

- 여러분은 정치에 관심이 많아요? 정치에 대한 뉴스나 신문기사 등을 자주 보는 편이에요?
- 여러분 나라에서는 대통령을 어떻게 뽑아요? 그리고 임기는요?
- 여러분은 어떤 사람이 대통령감이라고 생각하세요?

어휘				
	선거	투표	후보	행정
	임기	국무총리	국회의원	지도력(리더십)
	책임감	판단력	추진력	

연습 1 다음 중 대통령에게 꼭 필요한 것은 무엇인지 5가지만 골라서 이야기해 봅시다.

- ☑ 국민을 위한 정치를 할 수 있는가?
- ☐ 정치, 경제, 외교 등 여러 분야에 대한 지식과 경험이 있는가?
- ☐ 정확한 판단력과 추진력이 있는가?
- ☐ 책임감이 있는가?
- ☐ 다른 생각을 가진 사람이라도 능력이 있다면 기용할 수 있는가?
- ☐ 위기 때 대처할 능력이 있는가? (전쟁, 재난 ....)
- ☐ 다른 사람들을 잘 설득할 수 있는가?
- ☐ 도덕적으로 깨끗한가?

연습 2 다음 후보들 중에서 대통령으로 가장 적합한 사람을 뽑아 봅시다. 그리고 왜 그 사람을 뽑았는지 말해 보세요.

대통령 후보 소개

1번	김행정 (65세, 남)
	행정학과 졸업. 국회의원과 국무총리를 지냄. 행정에 대한 능력이 뛰어나며 경험도 풍부함. 성실하고 대인 관계 좋아서 따르는 사람 많음. 보수적이며 우유부단한 성격.

2번	이기자 (55세, 여)
	신문방송학과 졸업. 신문기자 생활을 오래 함. 현재 국회의원. 대인 관계가 좋고 인기가 많음. 외교적인 능력이 뛰어나고 문화에 관심 높음. 경제적인 면에 대한 지식과 경험 부족.

3번	강추진(40세, 남)
	고등학교 졸업. K물산 사원에서 시작, 사장까지 올라감. 뛰어난 리더십과 추진력이 있음. 문화에 대한 관심과 외교 능력 부족. 다른 사람의 말에 귀를 기울이지 않음.

4번	오정치(57세, 남)
	정치학과 졸업, 정치학 박사. 일본, 미국 대사를 지내고 현재 국회의원. 정치, 경제, 외교에 대한 지식 많음. 보수적, 대인 관계 부족. 대중의 관심을 효과적으로 끌지 못함.

후보	대통령	뽑은 이유
1번 김행정		
2번 이기자		
3번 강추진		
4번 오정치		

〈투표 결과〉

• 누가 대통령이 되었어요? □□□

• 대통령으로 뽑힌 이유는 뭐예요?

• 앞으로 이 사람이 고쳐야 할 점이 있다면 무엇일까요?

• 새 대통령에게 부탁하고 싶은 말이 있어요?

연습 3 자기나라의 대통령(왕/수상/총리)을 소개해 봅시다.

이름(나이)	
성격	
장점	
단점	
업적	

19 결혼

결혼은 꼭 해야 하나요?

학습 목표 결혼과 독신에 대해 다른 사람과 의견을 나눌 수 있다.

■ 같이 이야기해 봅시다.

- 결혼을 꼭 해야 한다고 생각하세요?
- 결혼을 한다면 언제쯤 하는 것이 좋다고 생각하세요?
- 주위에 독신주의자가 있나요? 왜 독신으로 산다고 해요?

어휘				
	독신주의자	동거	배우자	가치관
	경제력	필수	자기계발	독립심
	책임감	의지하다		

연습 1 다음은 독신 가능성에 대한 테스트입니다. 10개의 항목 중 몇 개에 해당됩니까? 결과에 대해서 같이 이야기해 봅시다.

① 혼자 먹고살 만한 충분한 경제력이 있는가. ( )

② 내 편이라고 말할 수 있는 친구가 5명 이상 있는가. ( )

③ 인생에서 꼭 성취하고자 하는 목표가 있는가. ( )

④ 아프면 종합검진을 받거나 보약을 지어먹을 정도의 열성이 있는가. ( )

⑤ 낯선 장소에서 새로운 사람들과 잘 어울려 대화할 자신이 있는가. ( )

⑥ 혼자 식당, 극장, 술집, 여행지에 갈 수 있는가. ( )

⑦ 혼자 푹 빠지는 취미활동이 있는가. ( )

⑧ 시간을 효과적으로 관리할 수 있는가. ( )

⑨ 외로움, 긴장, 불안, 두려움에 대한 감정 조절 능력이 있는가. ( )

⑩ 성적 충동에 대한 통제력이 있는가. ( )

〈진단〉
7개 이상 해당되면 독신생활에 맞는 사람입니다. 자유롭게 혼자 살아도 될 거예요.

연습 2 다음은 한국 대학생들의 결혼에 대한 의식조사 결과입니다.

"결혼은 필수 아닌 선택 사항"

대학생들은 결혼을 필수가 아닌 선택으로 여기는 것으로 조사됐다.

한국여성개발원 기관지 '여성연구' 최근호에 실린 신라대 구명숙 강사와 영남대 홍상욱 교수의 '독신생활에 대한 대학생의 인식'이라는 논문에 따르면 부산지역 대학생 881명(남자 203명, 여자 678명)을 대상으로 설문조사를 실시한 결과 아래의 표와 같은 결과가 나왔다.

또한 독신을 택한다면 그 이유는 무엇이냐는 질문에 대해서도 다음의 표와 같은 대답이 나왔다.

결혼의 필요성

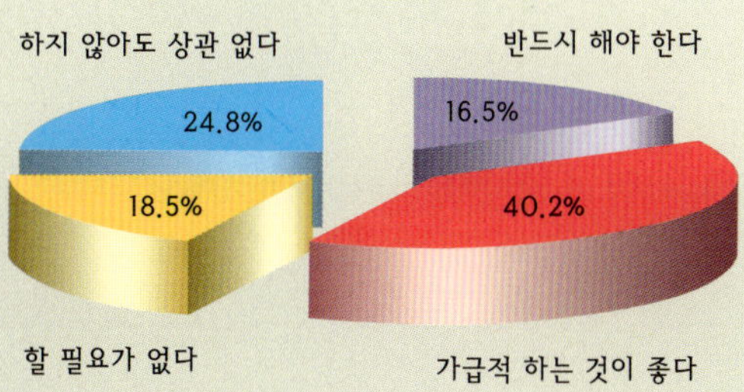

독신을 택한 이유

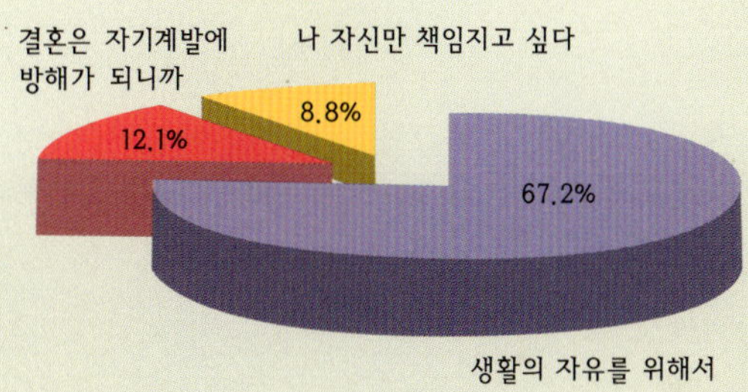

1) 위의 그래프를 보고 그 결과를 설명해 보세요.

2) 이 결과에 대한 자신의 생각을 이야기해 보세요.

3) 친구들에게 같은 질문을 해 보세요. 어떤 결과가 나왔습니까?

〈결혼의 필요성〉

대답	사람 수(%)
반드시 해야 한다	
가급적 하는 것이 좋다	
하지 않아도 상관없다	
할 필요가 없다	

〈독신을 택한다면 이유는?〉

대답	사람 수(%)
생활의 자유를 위해서	
결혼은 자기계발에 방해되므로	
나 자신만 책임지고 싶다	
기타	

연습 3 1) 결혼과 독신의 장점과 단점을 정리해서 다른 사람과 의견을 나누어 보세요.

	장점	단점
결혼		
독신		

2) 다음은 독신으로 살고 있는 사람들이 말하는 '싱글생활을 즐기는 비결' 입니다.
또 다른 비결이 있으면 소개해 보세요.

전지영 (싱글여행법)	자신이 불쌍하다고 느껴지면 여행을 떠나라. 돈에 여유가 있다면 독신이 많이 살고 있는 외국으로 가는 것도 좋다. 세상은 넓고 독신도 많다는 걸 느끼게 된다. 또한 싱글을 위한 아이디어 상품을 쇼핑하며 기분전환을 해도 좋다.
김용환 (싱글요리법)	야채나 고기는 조금씩 포장해서 냉동실에 넣어둔다. 설거지는 먹은 후 바로. 양파, 달걀, 국멸치, 다시마, 김치 5가지는 항상 준비해 둘 것.
김의경 (싱글재테크법)	수입의 50~80%는 저금을 하도록 한다. 목돈을 모을 때까지는 허리띠를 졸라매야 한다.
김민정 (싱글라이프법)	애완동물이나 식물을 키워라. 자신이 흐트러지면 동물과 식물도 함께 흐트러지므로 자신을 관리할 수 있다. 많은 사람들을 만나고 집중할 수 있는 취미나 즐거움을 찾아라.

20 토론

다 같이 토론해 봅시다

학습 목표 토론을 통해 자신의 의견을 말하고 다른 사람들의 의견을 종합할 수 있다.

■ 같이 이야기해 봅시다.

- 평소에 친구들과 자주 토론을 하거나 토론 프로그램을 즐겨 보는 편이에요?
- 토론을 할 때 꼭 지켜야 할 것은 무엇입니까?
- 토론을 잘 하려면 어떻게 해야 합니까?

어휘				
	성형 수술	부작용	후유증	성형 중독
	외모 지상주의	기계 문명	혜택	효율적
	필수품	창조적		

주제 1 예뻐지고 싶어요? (성형 수술)

1. 다음 글을 읽고 이야기해 봅시다.

아름다워지려는 건 인간의 욕망이다. 또한 현대 사회에서 외모는 사람의 인상을 결정하는 중요한 요소이며 취업이나 결혼에 있어서도 중요한 판단 기준이 된다. 그러니 성형 수술을 나쁘게 볼 것만도 아니다. 성형 수술을 통해 자신의 모습에 만족하고 자신감을 찾게 되는 경우가 얼마나 많은가. 외모가 변하면서 성격도 활발해지고 긍정적으로 되는 것이다. 성형으로 인해 예뻐지는 건 개인의 선택이다.

우리 조상들은 부모님이 주신 몸을 소중히 다루었는데 최근에 너도나도 예뻐지기 위해서 뚜렷한 이상이 없는데도 수술을 받으려 하거나 만족하지 못해서 재수술을 계속 하는 사람도 있다. 한번 성형 중독이 되면 거기에서 빠져 나오기란 여간 힘든 것이 아니며 성형 수술의 부작용과 후유증은 우리가 생각했던 것보다 훨씬 심각하다. 그리고 이러한 성형 열풍은 실력보다는 겉모습에만 신경 쓰는 외모 지상주의를 초래하여 잘못된 가치관을 심어줄 수도 있을 것이다.

1) 요즘 성형 수술에 관심이 많은 이유는 무엇일까요?

2) 외모 지상주의는 어떤 것이며 문제점은 뭔가요?

2. 성형 수술에 대한 여러분의 생각을 정리해 보세요.

찬성	반대
• 자신감을 가질 수 있다.	• 부작용이 심하다.
• 자신의 약점을 보완해 준다.	• 자기만의 개성을 잃게 된다.
•	•
•	•
•	•

3. 두 팀으로 나누어 토론해 봅시다.

주제 2 디지털 문명, 인류를 위한 혜택일까?

1. 다음 글을 읽고 이야기해 봅시다.

> 현대의 기계 문명은 놀랄 만큼 발달하고 있다. 특히 디지털 시대가 열린 오늘날의 현대인들은 과거에는 꿈도 꾸지 못했던 온갖 편리함과 혜택을 누리고 있다. 컴퓨터, 휴대 전화, 디지털 카메라, 내비게이션 등등 온갖 편리한 기계들은 현대인들에게 필수품이 됐다. 이러한 기계들은 우리가 불필요하게 쓰는 시간과 노력을 줄여주고 일을 효율적으로 처리할 수 있게 해 준다. 그러나 이러한 디지털 문명의 발달이 인간에게 주는 편안함 뒤에는 많은 문제점이 있다는 점도 무시하면 안 될 것이다. 기계를 통해 모든 일을 해결할 수 있으므로 우리는 실제 생활에서의 인간관계 없이도 살아갈 수 있다. 또한 디지털 기계에 의지하다 보면 인간은 스스로 생각하는 창조적 능력을 발휘할 기회를 잃게 될 것이다. 이렇게 두 얼굴을 가진 디지털 문명의 발달시대에 우리 인간은 어떤 생각을 가지고 살아가야 할까?

1) 여러분이 사용하고 있는 디지털 기계는 어떤 것들이 있나요?

2) 그 기계를 사용하면서 생활에 어떤 변화가 생겼나요?

3) 그 기계를 앞으로 쓰지 못하게 된다면 어떨까요?

2. 위의 주제에 대해서 여러분의 생각을 정리해 보세요.

디지털 문명은 인류를 위한 혜택이다.	디지털 문명은 인류를 위한 혜택이 아니다.
• 휴대 전화로 언제 어디서나 통화할 수 있게 됐다.	• 인간관계가 없어졌다.
• 컴퓨터의 발달로 정확하게 일을 처리할 수 있게 됐다.	• 게을러졌다
•	•
•	•
	•

3. 두 팀으로 나누어 토론해 봅시다.

교 사 용

활 · 동 · 시 · 간

01 **들어가기(10분~15분)**

1) 같이 이야기해 봅시다

2) 어휘

02 **실전연습(20~30분)**

1) 교사는 학생들의 수준과 참여도를 반영해 짝 활동 / 조별 활동 / 전체 활동으로 할 것인지 정한다.

2) 다양한 방법으로 말하기 연습을 한다.

03 **정리 및 평가(5~10분)**

오늘 배운 것을 다시 정리하거나 부족한 것을 지적해 준다.

◈ 연습 1, 2, 3은 반 수준이나 인원, 시간 등을 고려하여 모두 할 수도 있고 연습 하나만을 집중적으로 할 수도 있다.

01

주제	성격
제목	활발한 성격이 부러워요
학습 목표	자신의 성격의 장단점에 대해서 다양한 어휘로 말할 수 있다.

| 연습 1 |

방법 - 전체 활동

1. 표에 나와 있는 성격을 읽어 보고 자신에게 맞는 성격에 표시를 하게 한다.
2. 왜 그렇게 생각하는지 한 사람씩 이야기하게 한다.

| 연습 2 |

방법 - 짝 활동

1. 두 사람 씩 짝을 정한다.
2. 자신의 성격의 장단점을 생각하게 한다. 이때 메모할 시간을 주어도 좋다.
3. 짝과 같이 서로의 성격에 대해서 대화를 하게 한다.

| 연습 3 |

방법 - 전체 활동

1. 성격 테스트 3가지에 대해서 각각 대답을 생각하게 한다.
2. 뒤에 있는 진단결과를 보며 자신의 대답과 비교하여 얘기해 본다.

02

주제	취미
제목	인라인 스케이트를 타 보세요
학습 목표	자신의 취미를 말하고 다른 사람에게 적당한 취미를 권해 줄 수 있다.

| 연습 1 |

방법 - 전체 활동, 짝 활동

1. 그림으로 제시된 취미의 특징에 대해서 같이 이야기해 본다. (어떤 점이 좋은지)
2. 두 사람씩 짝을 지어 대화 예와 같이 대화를 하게 한다.

* 부족한 어휘는 교사가 도와준다.

| 연습 2 |

방법 - 전체 활동

1. 학생 각각에게 예로 나온 사람들 중 한 사람을 정해서 권하고 싶은 취미를 고르게 한다.
2. 그 이유를 말하게 한다.
3. 다른 사람이 말한 것에 대해서 서로 질문을 하게 한다.

| 연습 3 |

방법 - 전체 활동

1. 예로 나온 이야기를 읽힌다.
2. 학생들의 의견을 묻는다.
3. 특이한 취미를 가진 사람, 그런 사람을 알고 있는 사람들이 있는지 묻고 대화한다.

* 공란에 잠시 메모를 할 시간을 줄 수도 있다.

03

주제	문의와 신고
제목	카드를 분실했는데요
학습 목표	전화로 문의나 신고를 할 수 있다.

| 연습 1 |

방법 - 짝 활동

1. 먼저 두 사람씩 짝을 정해서 대화를 하게 한다.
2. 한 사람은 상담원 , 다른 사람은 신청자가 되어 전화로 문의하게 한다.
3. 역할을 바꾸어서 〈상황 2〉도 같은 방법으로 하게 한다.
   〈상황 2〉를 하기 전에 전화를 걸어 문의할 것이 무엇인지를 먼저 생각하게 하거나 같이 이야기한 후 시작하는 것이 좋다.
4. 〈상황 2〉의 지시문을 보고 두 사람이 대화를 만들어서 하게 한다.

| 연습 2 |

방법 - 짝 활동

1. 먼저 두 사람씩 짝을 정하게 한다.
2. 한 사람은 질문하고 다른 한 사람은 대답하게 한다.
3. 역할을 바꾸어서 〈상황 2〉, 〈상황 3〉을 한다. 지시문을 보고 대화를 만들어도 되고 자유롭게 만들어도 좋다.
4. 특히 〈상황 3〉에서는 잃어버린 물건에 대해서 자세히 설명하게 한다.

| 연습 3 |

방법 - 짝 활동

1. 먼저 두 사람씩 짝을 정하게 한다.
2. 역할을 정한 후 한 사람은 질문하고 다른 한 사람은 대답하게 한다.
3. 경찰 역을 맡은 사람은 누가, 언제, 어디서, 무엇을 잃어버렸는지에 대해서 자세하게 물어 보도록 한다.
4. 도난 당한 사람은 잃어버린 물건에 대해 자세히 설명하게 한다.
5. 대화가 끝나면 역할을 바꾸고 학생들이 도난이나 분실에 대한 상황을 설정해서 대화를 만들어 보게 한다.

04

주제	집 구하기
제목	집이 마음에 들어요
학습 목표	자신이 원하는 집과 방 친구를 구할 수 있다.

| 연습 1 |

방법 - **짝 활동**

1. 상황 1) 주인과 집을 구하는 사람이 되어 질문과 대답을 하게 한다.
   상황 2) 중개인과 집을 구하는 사람이 되어 이야기하게 한다
2. 역할을 바꾸어서 다시 한다.

* 대화가 모두 끝나면 집을 구할 때의 주의점과 경험담에 대해 간단히 이야기해도 좋다.

| 연습 2 |

방법 - **짝 활동**

1. 먼저 역할을 정한 다음 지시문을 읽게 한다.
2. 두 사람이 대화를 하게 한다. 이때 서로의 입장을 잘 설명하고 상대방을 설득하는 대화를 만들게 한다.
3. 두 사람씩 발표한다.

| 연습 3 |

방법 - **짝 활동**

1. 글을 읽고 두 사람이 전화로 대화하는 상황을 만든다.
2. 방을 찾는 사람에게는 집의 위치나 시설, 같이 사는 조건 등에 대해 자세히 질문하게 하고 방 친구를 찾는 사람은 들어올 사람이 어떤 사람인지, 성격이나 생활 방식 등에 대해서 질문하게 한다.
3. 두 사람씩 발표한다.

05

주제	약국
제목	머리가 아플 땐 이 약이 잘 들어요
학습 목표	약국에서 자신의 증상을 정확하게 설명할 수 있다.

| 연습 1 |

방법 - 전체 활동

1. 먼저 각자 여행갈 때 필요한 약 이름과 언제 사용하는지에 대해서 간단하게 메모하게 한다.
2. 개인별로 발표한다.
   또는 다 같이 필수적인 것에 대해 이야기한 다음 개인별로 자기가 꼭 가지고 가는 약이 있으면 발표하게 한다.
3. 교사는 빠진 것들을 지적해 준다.

| 연습 2 |

방법 - 짝 활동

1. 한 사람은 약사, 다른 한 사람은 손님이 되어 대화를 만든다.
2. 손님은 자신의 상태나 필요한 약을 정확하게 설명하고 약사는 거기에 맞는 약과 주의할 점 등을 말하게 한다.
   * 상황역할로 해도 좋다.
3. 교사는 부족한 것을 보충하거나 잘못된 것을 고쳐 준다.

| 연습 3 |

방법 - 조별 활동, 전체 활동

1. 약 그림을 보고 약 광고를 만들게 한다(준비시간 10분).
   광고 안에는 어떨 때 먹으면 효과가 있는지를 명확하게 나타나게 한다.
   보기에 있는 단어를 사용해도 좋고 자유롭게 만들어도 좋다.
2. 가장 잘 만든 사람이나 조를 뽑는다.

06

주제	병원
제목	눈병이 났어요
학습 목표	병원에 가서 자신의 증상을 설명하고 필요한 치료를 받을 수 있다.

연습 1

방법 - 전체 활동

아플 때 자신이 하는 방법이나 자기나라에서 어떻게 하는지 생각한 다음 발표하게 한다.

연습 2

방법 - 조별 활동

1. 세 사람이 한 조가 된다.
2. 역할(의사 1명, 환자 2명)을 정하고 표를 보면서 대화를 만들거나 상황역할을 하게 한다.
3. 환자는 자신의 상태(어디가 아픈지, 어떻게 다쳤는지)를 설명하고 의사는 그에 맞는 병명과 치료법, 그리고 주의할 점에 대해서 이야기한다.
4. 한 병원의 상황역할이 끝나면 다시 역할을 정하고 다른 병원에 대한 상황역할을 한다. (내과 → 치과 → 피부과 → 정형외과)
5. 교사는 학생들의 잘못을 고쳐준다.
6. 마지막에 조별로 병원을 지정해 준 다음 앞으로 나와서 상황을 재연하게 한다.

* 교실 전체를 종합병원으로 꾸며 과별 이름(내과, 치과 …)을 책상 위에 놓고 상황역할을 해도 좋다.

연습 3

방법 - 전체 활동

보기에 있는 단어를 보고 관계된 이야기나 자기의 경험담에 대해서 말하게 한다.

예) 병원에서 있었던 일, 수술이나 입원을 했던 일, 의사나 간호사에 대한 이야기, 주사에 대한 추억 등등.

07

주제	한국의 특별한 날
제목	오늘이 무슨 날인지 아세요?
학습 목표	한국의 기념일과 명절을 자기나라와 비교해서 말할 수 있다.

연습 1

방법 - 전체 활동

1. 한국의 기념일에 대해서 교사가 간단하게 설명하거나 학생들이 설명하게 한다.
2. 자기나라에도 있는지, 있다면 언제이며 무엇을 하는지에 대해서 발표하게 한다.

* 자기나라에만 있는 특별한 날에 대해서 이야기해도 좋다.

연습 2

방법 - 조별 활동

1. 네 사람이 한 조를 만들게 한다.
2. 교사는 참고에 있는 명절과 절기를 한 사람에 하나씩 읽거나 외우게 한다.
   꼭 외우는 것이 아니라 간단하게 말로 설명할 수 있는 정도면 된다 (5~10분).
3. 네 사람이 모여 같이 이야기한다.
   한 사람이 "설날이 무슨 날인지 아세요?" 하면 설날에 대해 읽은 사람이 이야기한다. 다른 사람들은 들으면서 간단히 메모하거나 잘 모르는 것에 대해서 질문한다.
4. 이렇게 해서 네 사람이 모두 돌아가면서 설명하고 듣는 사람들은 간단히 메모한다.
5. 시간이 있으면 자기가 들은 것을 다시 말로 설명하도록 해 본다.

연습 3

방법 - 전체 활동

1. 주어진 표에 자기나라 명절(이름, 날짜, 음식, 하는 일)에 대해서 쓰게 한다.
2. 옆 사람과 같이 이야기하거나 나라별로 발표하게 한다.

08

주제	서울
제목	서울 구경을 해 볼까요?
학습 목표	서울의 명소와 문화를 소개할 수 있다.

연습 1

방법 - 전체 활동

1. 서울지도를 보며 자기가 갔던 곳에 대해 언제 갔으며 어떤 점을 느꼈는지 메모하게 한다.
2. 지도에 나온 곳 중에서 해당되는 것이 없으면 자유롭게 말해도 상관없다.
3. 메모가 끝나면 각자 발표를 시키고 질문을 유도한다.

연습 2

방법 - 짝 활동

1. 두 사람씩 짝을 지어 각각 '민수' 와 '마이클' 의 역할을 맡도록 한다.
2. 먼저 여행 온 친구의 2박 3일 일정을 확인한다.
3. 장소, 음식, 쇼핑지에 대한 정보를 보며 제시된 대화로 우선 교체 연습을 시킨다.
4. 그 다음엔 여행일정에 맞게 가 볼 곳, 식사, 쇼핑에 대한 계획을 학생들 스스로 세우도록 한다.
5. 시간이 있으면 팀별로 한 가지 주제씩 발표를 시켜 볼 수도 있다.

연습 3

방법 - 전체 활동

1. 그 이외에 더 추천하고 싶은 것에 대해서 다 같이 이야기하게 한다.
2. 교사가 서울에 대해서 더 소개해 줄 수도 있다.

09

주제	광고
제목	참신한 광고를 만들어 보세요
학습 목표	독특한 광고를 만들어 상품을 소개할 수 있다.

| 연습 1 |

방법 - 전체 활동

1. 제시된 광고를 보고 어떤 광고인지 맞혀 보게 한다.
2. 예로 나온 광고를 읽어보고 간단한 광고 문안을 넣어서 광고를 만들어 보게 한다.(시간이 충분하면 광고를 만들어 볼 수도 있으나 그냥 광고문안 정도만 만들어 봐도 됨.)

| 연습 2 |

방법 - 조별 활동

1. 3~4명씩 조를 짜서 과제를 수행하게 한다.
2. 조원들이 모두 참가할 수 있도록 인원수를 조정해 준다.

| 연습 3 |

방법 - 전체 활동

1. 완성된 광고를 발표하기 전에 브리핑을 하기 위한 준비를 시킨다. 이때 제시된 질문에 대해 팀원들이 각각 한 가지씩 맡아서 발표하게 한다.
2. 한 팀씩 앞에 나와서 발표를 하게 한다.
3. 학생들이 스스로 제일 잘 된 광고를 골라 보도록 하고 이유도 이야기하게 한다.

10

주제	설문 조사
제목	한국 사람들은 이렇게 생각한대요
학습 목표	다른 사람의 생각을 추측해 말할 수 있다.

연습 1

방법 - 조별 활동

1. 3~4명이 한 조가 되어 표를 보고 빠진 부분에 대해서 이야기할 시간을 준다(15~20분). 교사는 칠판에 조별로 점수를 쓸 수 있는 표를 만든다.
2. 조별 활동이 끝나면 교사는 질문을 하고 조별로 대답을 하게 한다. 이때 먼저 손을 든 조가 대답을 하거나 순서대로 돌아가면서 대답하게 한다.
3. 대답 중 맞는 것이 있으면 그 조에게 점수를 준다. 맞는 대답이 18.6%라면 맞춘 조에게 18점을 준다.
   순위와 상관없이 비슷한 대답이면 맞게 해 준다.
4. 마지막에 점수를 합산해 제일 많은 점수가 나온 조가 이긴다.
   이긴 조에게 상을 주거나 가장 점수가 낮은 조에게 벌칙을 주어도 좋다.

연습 2

방법 - 전체 활동

1. 학생들에게 질문을 하나씩 만들게 한다. 앞에서 나온 것도 괜찮고 다른 새 질문을 만들어도 좋다.
   (한국 생활, 학교생활, 친구에게 궁금했던 것 …)
   이때 교사는 질문이 겹치지 않도록 돌아다니면서 봐 준다.
2. 반 친구들에게 질문하고 대답을 메모하게 한다.
   이 때는 돌아다니면서 모두에게 질문하게 한다.
3. 질문이 끝나면 표를 만들어 발표하게 한다.

* 시간이 부족하면 과제로 준 다음 발표하게 한다.

연습 3

방법 - 전체 활동

〈연습 2〉의 설문 조사를 하면서 느낀 점이나 설문 조사 결과에 대해 자신의 생각을 이야기하게 한다.

11

주제	사건과 판단
제목	이럴 땐 어떻게 판단해야 할까요?
학습 목표	상황이나 사건에 대한 자신의 판단을 논리적으로 말할 수 있다.

| 연습 1 |

방법 - 전체 활동

1. 5가지 경우에 대해서 어떻게 생각하는지 이야기하게 한다. 판결은 나중에 맞혀 본다.
2. 결과에 대해서 어떻게 생각하는지 이야기하게 한다.

| 연습 2 |

방법 - 전체 활동

1. 전체 학생들로 하여금 각각의 사건에 대해서 의견을 묻고 서로 같은 의견을 가진 사람끼리 협력하여 자기 생각을 주장하게 한다.
2. 한 사건에 대한 이야기가 끝나면 답을 맞혀보고 다음 사건으로 넘어간다.

| 연습 3 |

방법 - 전체 활동

제시된 상황을 읽고 자신의 입장에서 어떻게 할 것인지 이야기하게 한다.

12

주제	날씨
제목	겨울이 없어진대요
학습 목표	한국과 자기나라의 날씨의 특징과 변화에 대해서 말할 수 있다.

| 연습 1 |

방법 - 전체 활동

1. 한국의 날씨의 특징을 말하게 한다. 학생들이 모를 경우 교사가 지도할 수도 있다.
2. 계절별로 학생들 나라의 날씨의 특징에 대해서 말하게 한다.

| 연습 2 |

방법 - 전체 활동

1. 제시된 글을 같이 읽는다.
2. 질문에 대해서 읽은 내용을 요약하여 말하게 한다.
3. 세 번째 질문은 그림을 보면서 온난화로 인한 피해를 설명하게 한다.

| 연습 3 |

방법 - 전체 활동

1. 온난화에 대한 대책을 말하게 한다.
2. 대답이 안 나올 경우 교사가 예를 들어 주며 대답을 유도한다. (아래의 대책 참고)

| 참고 |

- 정부차원의 노력
  이산화탄소 감축 의무에 합의하며 세계적 협력위해 노력(OECD가입)
  온실가스 저배출형 신농사 기술개발, 대체에너지 개발, 연구사업 지원, 조림사업
- 개인노력
  에너지 절약, 친환경제품 사용, 재활용품 사용, 쓰레기 배출 줄이기, 나무심기

13

주제	환경
제목	환경을 생각해야죠
학습 목표	환경의 중요성에 대해 다른 사람에게 주장할 수 있다.

연습 1

방법 - 전체 활동

1. 다 같이 건설 조건을 읽는다.
2. 건설로 인한 이익과 피해에 대해서 메모를 하며 생각하게 한다.
3. 메모한 것을 같이 이야기하게 한다.

연습 2

방법 - 전체 활동

1. 자신의 의견과 같은 인물을 하나 정하게 한다.
2. 자기가 선택한 인물이 되어 자신의 의견을 주장하게 한다.
3. 최종적인 자신의 생각을 말하게 한다. 다른 사람의 의견을 듣고 생각이 바뀐 사람이 있는지 물어 본다.

연습 3

방법 - 전체 활동

제시된 〈사례〉를 읽어 보고 학생들의 경험을 물어 본다.

14

주제	면접
제목	제 능력을 발휘해 보고 싶어요
학습 목표	면접상황을 통해 실전에 대비할 수 있다.

연습 1

방법 - 짝 활동

1. 그림과 조건이 나와 있는 3개의 회사 중 하나를 선택하게 한다.
2. 옆 사람에게 제시된 질문을 서로 하게 한다.
3. 전체 활동으로 한 사람씩 어느 회사를, 왜 선택했는지 얘기해 볼 수도 있다.

연습 2

방법 - 전체 활동

1. 한 반의 학생들을 반으로 나누어 지원자 팀과 면접관 팀으로 나눈다.
2. 면접관 팀은 지원자들에게 할 질문을 준비하게 한다. 〈실전질문 예〉를 참고하도록 하고 더 필요한 질문은 스스로 생각하게 한다.
3. 지원자들은 〈실전질문 예〉를 보고 대답을 준비하게 한다.
4. 면접관은 준비한 질문 중에서 각각의 지원자에게 적당한 질문을 한다. 이때 지원자마다 다른 질문을 해도 되고 똑같은 질문을 일률적으로 해도 된다.
5. 면접관들은 점수를 매겨 보고 면접이 끝난 후 의논하여 누구를 뽑을지 정하고 왜 뽑았는 지 이야기한다. (채점 기준은 면접관 팀이 스스로 정하게 한다.)

* 시간이 남으면 팀을 바꾸어 연습할 수도 있다.

6. 면접할 때 어떤 점이 중요한지 다 같이 이야기하게 한다.

연습 3

방법 - 짝 활동

1. 아르바이트를 구하는 학생이 그림에 나온 일자리 중의 하나를 골라서 전화로 궁금한 것을 물어보게 한다. 질문은 제시된 것을 해도 되고 스스로 만든 것을 해도 된다.
2. 다음에는 고용주가 아르바이트를 원하는 학생에게 질문을 하여 일에 적합한 사람을 골라보게 한다.
3. 학생들을 반(아르바이트생팀, 고용주팀)으로 나누어 서로 돌아가며 질문하여 원하는 일자리 혹은 적당한 사람을 골라 보게 하는 방법을 써도 된다.

15

주제	직장 생활
제목	어떤 직장을 원해요?
학습 목표	직장 생활에 대한 다양한 생각을 말할 수 있다.

| 연습 1 |

방법 - 짝 활동

1. 두 사람이 짝을 지어 질문하고 대답하게 한다.
   먼저 상대방에게 맞는 질문을 골라 대답하게 한다.
2. 다 같이 이야기한다.

| 연습 2 |

방법 - 전체 활동

1. 글을 읽고 누구의 말이 맞는지, 왜 그렇게 생각하는지에 대해서 이야기한다.
2. 도표를 보면서 자신의 생각과 그 이유에 대해서 이야기하게 한다.

| 연습 3 |

방법 - 전체 활동

1. 직업 선호도 변화표를 보면서 이야기하게 한다.
2. 왜 순위가 바뀌었는지, 요즘 인기 있는 직업이 무엇인지 교사가 질문하거나 학생들이 표를 보면서 달라진 것에 대해서 자유롭게 이야기하게 한다.
3. 자기나라의 경우에 대해서도 이야기하게 한다.

16

주제	인터뷰
제목	무슨 일이 있었나요?
학습 목표	인터뷰를 통해 얻은 정보로 기사를 작성, 발표할 수 있다.

연습 1

방법 - **짝 활동**

1. 두 사람씩 짝을 지어 제시된 질문으로 인터뷰를 하게 한다.
2. 제시된 질문 이외에 상대방으로부터 더 알고 싶은 것이 있으면 질문하게 한다.
3. 인터뷰한 정보를 정리해서 발표를 시킨다.

연습 2

방법 - **짝 활동**

1. 두 명씩 짝을 지어 한 명은 사건 인물을 연기하고 한 사람은 기자역할을 맡는다.
2. 사건 인물을 맡은 학생에게 교사가 한 인물을 정해 준다. 한 학생이 하나의 인물을 맡는다.
3. 사건 인물을 맡은 학생은 제시된 정보를 자세히 읽고 자신의 상황을 충분히 이해해야 한다. (기자가 질문을 할 때 제시된 정보를 보지 않고 대답해야 한다.)
4. 기자 역할을 맡은 사람은 무슨 질문을 할 것인가를 준비한다. (제시된 질문을 이용하고 부족한 질문은 더 준비한다.)
5. 두 사람이 모두 준비가 되면 기자는 주어진 질문을 해서 필요한 정보를 얻는다.
6. 위의 과정이 다 끝나면 역할을 바꾸어 같은 방식으로 인터뷰를 한다.

* 상황에 대한 정보는 사건 인물을 맡은 사람만 볼 수 있고 기자역할을 하는 사람은 질문만 보게 하여 스스로 정보를 얻어내도록 유도한다.

연습 3

방법 - **전체 활동**

1. 얻은 정보로 기사를 작성하게 한다. 모든 학생은 한 번씩 기자가 되었으므로 다같이 기사를 정리할 시간을 갖는다.
2. 기사를 작성할 때 육하원칙에 맞게 쓸 것을 일깨워주고 자신의 의견도 덧붙이도록 지도한다.
3. 준비된 기사를 발표하게 한다.
4. 짝이 맞지 않을 경우는 교사가 사건인물 역을 맡아 모든 학생이 한 번씩 기자역할을 할 수 있도록 한다.

17

주제	뉴스
제목	뉴스를 시작하겠습니다
학습 목표	기사를 요약해 발표할 수 있다.

| 연습 1 |

방법 - 짝 활동 또는 전체 활동

1. 학생들에게 왼쪽 표의 기사를 보고 뉴스 기사로 요약하게 한다.
   반 인원수에 따라 혼자서, 또는 2명이 같이 만들어도 좋다. (15분)
2. 간단히 써도 좋고 말로 해도 된다.

| 연습 2 |

방법 - 전체 활동

1. 교사는 앵커와 기자를 정해 주고 뉴스를 실제로 진행하게 한다.(준비시간 5분)
2. 앵커가 뉴스를 진행하면서 기자를 부르면 담당을 맡은 사람이 나와 기사를 발표한다. 이때 기자는 기사를 보지 말고 되도록 외워서 하도록 한다.
3. 제일 발표를 잘 한 사람에게 '오늘의 기자상' 을 준다.

| 연습 3 |

방법 - 전체 활동

1. 먼저 교사가 뉴스를 읽어준다.
2. 뉴스를 들은 다음 그 뉴스에 대해서 자유롭게 이야기하거나 두 조(100세까지 연장이 가능 / 100세까지 연장은 어려움)로 나누어 간단히 토론을 해도 좋다.

18

주제	대통령 선거
제목	누구를 뽑으시겠습니까?
학습 목표	모의 대통령 선거를 통해 서로의 의견을 교환하고 다수의 의사를 결정할 수 있다.

연습 1

방법 - 조별 활동, 전체 활동

1. 대통령에게 필요한 것 5가지를 고르게 한 후 발표하거나 조별로 토론을 하게 한다.
2. 가장 많이 나온 것들을 알아 본다.

연습 2

방법 - 전체 활동

1. 먼저 대통령 후보 소개를 읽고 적합한 사람을 고르라고 한다.

2-1. 다 끝나면 학생별로 나와서 왜 그 사람을 뽑았는지 설명하도록 한다. 이때 칠판에 후보자 이름을 쓰고 발표가 끝난 후 이름 밑에 표시를 한다.

2-2. 또는 자기가 좋아하는 후보의 선거 유세를 하도록 해도 된다.

3. 발표가 끝난 후 제일 표가 많이 나온 사람이 당선됐음을 알린다.
4. 당선된 사람이 대통령이 되었을 경우 고쳐야 할 점이라든가 보완해야 할 문제들에 대해서 간단히 이야기하게 한다.
5. 마지막으로 새로 당선된 대통령에게 부탁하고 싶은 말을 한 마디씩 해도 좋다. (개인별로 / 세대별로)

연습 3

방법 - 전체 활동

자기나라의 대통령(수상 / 왕)에 대해서 소개한다.

소개하기 전 준비시간(5분~10분)을 준다.

19

주제	결혼
제목	결혼은 꼭 해야 하나요?
학습 목표	결혼과 독신에 대해 다른 사람과 의견을 나눌 수 있다.

| 연습 1 |

방법 - **전체 활동**

1. 제시된 항목에 표시하게 하고 몇 개냐에 따라서 진단을 해 본다.
2. 결과에 대해서 같이 이야기한다.

| 연습 2 |

방법 - **전체 활동, 짝 활동**

1. 전체 활동으로 그래프를 설명하게 해도 되고 짝 활동으로 이용해도 된다. 짝 활동 시 교사가 다니면서 지도해 준다.
2. 그래프에 나온 같은 질문을 반 학생들에게 해 보게 한다. 이때 한 사람씩 모두 할 수 없으므로 대표를 한 사람 정해서 진행하게 한다.
3. 반에서 나온 결과를 가지고 이야기하게 한다.

| 연습 3 |

방법 - **조별 활동, 전체 활동**

1. 연습 1, 2에서 이야기한 것을 바탕으로 자신이 생각하는 결혼과 독신의 장단점을 정리하게 한다.
2. 정리한 내용을 서로 이야기하게 한다.
3. 독신으로 잘 사는 법에 대해서 제시된 글을 읽고 학생들의 생각도 이야기하게 한다.

20

주제	토론
제목	다 같이 토론해 봅시다
학습 목표	토론을 통해 자신의 의견을 말하고 다른 사람들의 의견을 종합할 수 있다.

| 연습 1 |

방법 - 짝 활동

1. 먼저 토론에 대해서 간단한 질문을 한다.
2. 주제 1이나 주제 2를 선택한다.
3. 글을 읽고 찬성, 반대 또는 장단점에 대해서 이야기하게 한다.
4. 찬성과 반대팀으로 나누어 팀별로 간단히 토론을 하게 한다. 이때 팀별로 발표할 내용이라든지, 상대방 의견을 반박할 수 있는 의견들을 정리한다.(10분)
   또는 이 과정을 생략하고 바로 좌담회를 시작해도 좋다.
5. 토론을 한다. 이때 사회자를 뽑아 좌담회를 진행하게 한다.